유튜브
YOUTUBE
TEXTBOOK
교과서

일러두기

1. 책에 사용한 예시는 저자들의 채널 운영과 강의 경험을 바탕으로 구성했습니다.
   일부 예시 영상의 경우 채널 운영에 따라 삭제될 수도 있습니다.

2. 같은 주제를 작가마다 다른 관점으로 소개한 내용이 있습니다.

3. 장비 소개와 실습 시트는 QR 코드를 통해 다운로드할 수 있게 구성했습니다.

4. 유튜브 정책에 관한 내용(수익화 신청, 저작권 도구 등)은 구글의 정책에 따라 달라질 수 있습니다.

유튜브
YOUTUBE
TEXTBOOK
교과서

강민형, 김형진, 박성배

지음

램프앤라이트

프롤로그

콘텐츠를 통해 새로운 세상을 마주하는 내일이 되길

유튜브랩을 운영하며 감사하게도 '유튜브 전문가'라는 호칭을 듣고 있습니다. 해마다 관련 서적을 내기 위해 '유튜브'라는 플랫폼을, 그 안에서 살아 숨 쉬는 '크리에이터'를, 날마다 쏟아지는 '콘텐츠'를 연구할수록 알게 되는 사실이 있습니다. 바로 유튜브는 짧은 유행이 아니라 우리 삶의 일부라는 것입니다.

유튜브는 재미있는 영상을 찾아보는 것뿐만 아니라, 이제 자신을 드러내고, 의견을 표명하고, 추억을 기록하는 공간으로 자리 잡았습니다. 유튜브 덕분에 '스스로 콘텐츠를 만드는 사람'과 '콘텐츠를 소비하는 사람'의 경계가 허물어지고 있습니다. 팬데믹, Shorts 활성화 같은 변화와 함께 유튜브의 영역은 계속 확장 중입니다.

이 책을 통해 점점 커지는 유튜브를 이해하고, 나만의 콘텐츠를 제작하며, 크리에이터에게만 보이는 세상을 확인할 수 있기를 바랍니다. 새로운 나를 찾고 새로운 세상을 마주하는 일이 여러분의 내일을 바꾸리라 감히 말씀드립니다.

여러분이 발견하는 새로운 세상을 기대하며,

강민형 드림

"나는 실패하고, 실패하고 또 실패했다. 그것이 내가 성공한 이유다"

제가 좋아하는 농구 선수 마이클 조던이 한 말입니다. 유튜브가 좋고 영향력이 있다는 건 누구나 인정하고 있을 겁니다. 아마 여러분도 유튜브가 필요해서 이 책을 펼쳐보셨겠죠. 하지만 의지만 앞설 뿐, '어떻게 시작해야 할지', '어떤 걸 찍어야 할지', '어떤 장비가 필요할지' 걱정과 답답함이 있을 겁니다.

유튜브 교과서는 이런 여러분의 불안을 없앨 수 있는 책입니다. 그리고 시작을 도와줄 책입니다. 유튜브 강의를 통해 5천여 명의 수강생을 만나오면서 들었던 질문들 그리고 유튜브 초보자분들이 자주 겪는 어려움의 해결법이 들어있습니다. 더 이상 마음속으로만 '유튜브를 해봐야지'라며 속앓이 하지 말고, 유튜브 교과서와 진짜 시작을 해보기 바랍니다. 시작을 해야 실패도 있고 성공도 있답니다.

독자분들의 성공을 간절히 바라며,

김형진 드림

연예인이 아닌데 스타가 된다고요?

네, 그렇습니다. 이제는 본인만의 아이디어와 스마트폰만 있다면 누구나 가능합니다. 여러분의 꿈을 실현시켜줄 공간은 바로 유튜브입니다. 유튜브를 통해 누구나 새로운 인생에 도전할 수 있습니다. 유튜버로 활동하기 전, 저는 음악 교육 콘텐츠 페이스북 그룹을 운영했습니다. 페이스북 그룹의 성공으로 인플루언서라는 삶을 접하게 되었고, 과분하게도 제 실력에 넘치는 다양한 일을 해볼 수 있었습니다. 그 후 유튜브를 시작하면서 해외 팬들도 생겼고 페이스북 활동 때 만나 볼 수 없었던 새로운 일들과 또다른 삶을 접할 수 있었습니다.

유튜브 교과서는 여러분이 새로운 행복에 도전할 수 있도록 도와주는 책입니다. 유튜브 채널의 시작부터 콘텐츠의 종류, 채널 기획과 수익화 등 유튜브를 시작하려는 분들이 꼭 알아야 하는 채널 운영에 필요한 모든 것을 담고 있습니다. 이 책을 통해 유튜브에서 제가 만났던 행운을 여러분도 만날 수 있기를 소망합니다.

유튜브의 선물을 꼭 받길 바라며,

박성배 드림

목차

프롤로그   04

에피소드 ① : 십만 구독자도 광고 신청 안 하면 수익이 0원?!   58
에피소드 ② : 콘텐츠 소재 선정, 포스트잇을 활용해 보세요.   118

Part 01 이해가 필요한 당신에게
유튜브, 기본은 알고 시작합시다.

1교시 : 지피지기 백전백승

1. 유튜브, 얼마나 알고 있나요?   11
2. 유튜브의 영향력   15
3. 유튜브 구독자 수에 따른 혜택   19

2교시 : 유튜브의 기초

1. 유튜브 채널 살펴보기   25
2. 필수 설치! 유튜브 스튜디오   28
3. 동영상 업로드의 기초   31
4. 수익 창출 경로   36

3교시 : 유튜브 콘텐츠별 특징

1. 유튜브 채널 주요 콘텐츠   41

4교시 : 유튜브 마케팅 필수 용어

1. 유튜브 마케팅 필수 용어   53

5교시 : 천차만별 유튜브 장비

1. 천차만별 유튜브 장비   57

Part 02 생각이 필요한 당신에게
유튜브, 기획이 성패를 가릅니다.

1교시 : 기획자 마인드로 유튜브 읽기

1. 크리에이터가 유튜브를 읽는 이유   63
2. 유튜브를 볼 때 어떤 것을 읽어야 할까요?   65
3. 유튜브 읽기 예시와 실습   72

2교시 : 채널 기획의 시작, 퍼스널 브랜딩

1. 구독자 수 보다 중요한 브랜딩   77
2. 유튜브 채널 속 브랜딩 요소   80
3. 유튜브 퍼스널 브랜딩의 이해   87
4. 당신의 유튜브 컬러는?   94

3교시 : 시청자가 찾는 콘텐츠 기획하기

1. 내 채널 한 줄 소개와 3What 기법   97
2. 왜, 제 VLOG는 사람들이 봐주질 않죠?   102
3. 조회 수 1천은 어떻게 넘길 수 있죠?   107
4. 기획안 작성은 어떻게 하죠?   110

스페셜 페이지 : 유튜브, 나를 찾아줘!   226

에피소드 ③ : MCN에서 연락이 왔다고요?   174
에피소드 ④ : 440만 구독자, '라온'의 성공 노하우 인터뷰   222

Part 03 실천이 필요한 당신에게

유튜브, 업로드를 해야 다음이 보입니다.

1교시 : 시청자에서 유튜버로

1. 왜 나는 시청자로만 남아있을까?   125
2. 망설이는 이유 해결하기 ①   127
3. 망설이는 이유 해결하기 ②   132

2교시 : 마음을 사로잡는 타이틀과 썸네일

1. 입소문의 비밀 : 타이틀과 썸네일   143
2. 공유를 부르는 타이틀 만들기   145
3. 클릭을 부르는 썸네일 만들기   148
4. 노출을 만드는 메타데이터   152

3교시 : 업로드 이후가 진짜 실력

1. 조회 수가 안 나오나요? 이것을 확인해 보세요.   155
2. 커뮤니케이션 관리하기   158

4교시 : 반드시 알아야 할 유튜브 저작권

1. 저작권을 알아야 오래갑니다.   163
2. 이것도 저작권 침해인가요?   167
3. 사례로 보는 저작권 침해와 예방법   171

Part 04 끈기가 필요한 당신에게

유튜브, 수익화의 다른 말은 꾸준함입니다.

1교시 : 유튜브를 통한 수익화 방법

1. 유튜브 조회 수로 수익을 얻어볼까?   179
2. 유튜브로 강사 한번 해볼까?   183
3. 유튜브로 물건 한번 팔아볼까?   186

2교시 : 유튜브 광고 더 높은 성과 내기

1. PPL과 브랜디드 콘텐츠가 뭔가요?   193
2. 구독자와 광고주,
   모두가 만족하는 콘텐츠 만들기   199
3. 광고 기획안 작성 노하우 파헤치기   202

3교시 : 한 달만에 구독자 5천 명 만들기

1. 어떤 걸 찍어야 하지?   207
2. 어떻게 찍어야 하지?   211
3. 수익화는 어떻게 하지?   213

4교시 : 유튜브가 당신에게
        새로운 기회가 되기를

1. 우리 주변에 있는 유튜버 이야기   217

유튜브,
기본은 알고 시작합시다.

#유튜브시작 #용어이해

박성배 교수

"지금은 유튜버 전성시대입니다."

1교시
지피지기 백전백승

1. 유튜브, 얼마나 알고 있나요?

2. 유튜브의 영향력

3. 유튜브 구독자 수에 따른 혜택

유튜브를 안 본 사람은 있어도, 한 번만 본 사람은 없다

스마트폰의 일상화는 곧 유튜브의 일상화가 되었습니다. 나이, 성별, 직업, 국가 등 모든 '차이'를 뛰어넘는 세계 최대의 동영상 플랫폼으로 자리 잡았죠. 과거에는 영상을 제작하고 그 영상을 공급하는 주체가 극히 일부였습니다. 그래서 영상 제작자와 시청자가 명확하게 구분되어 있었습니다.

하지만 유튜브의 등장은 누구나 콘텐츠 생산자가 될 수 있는 기회를 제공했고, 새로운 직업을 탄생시켰습니다. 무엇보다 과거 일부 특별한 사람에게만 허락되었던 '유명인(인플루언서)'이 되는 길도 누구에게나 열린 문이 되었습니다. TV에 출연하지 않아도 본인만의 매력이 있다면 연예인보다 더 영향력 있는 유튜브 크리에이터가 될 수 있게 된 거죠. 구독자가 1만 명만 넘어도 길에서 알아보는 사람이 가끔 나타납니다. 또 광고나 비즈니스 문의 등으로 새로운 경제적 기회가 생기기도 합니다. 한 조사에 따르면 국내 인구의 약 83%가 유튜브를 사용 중이며, 하루 평균 약 1시간씩 유튜브 영상을 본다고 합니다.

이는 포털, SNS, 메신저 등 온라인으로 콘텐츠를 제공하는 어떤 서비스보다 유튜브가 압도적으로 소비되고 있음을 보여줍니다. '유튜브에서 얻지 못할 정보는 없다', '육아는 유튜브 이전과 이후로 나뉜다', '가장 행복한 휴식은 침대에 누워 유튜브를 보는 것이다'라는 말에 대부분의 사람이 공감할 만큼 유튜브는 이제 없어서는 안 될 일상이 되었습니다. 물론 기술의 발전에 따라 유튜브를 대체하는 콘텐츠 플랫폼이 등장할 수도 있겠지만, 그때에도 우리는 또 다른 형태의 '유튜브 시대'를 살고 있지 않을까 조심스럽게 생각해 봅니다.

유튜브는 무슨 뜻일까?
YOUTUBE는 사용자를 가리키는 유(YOU)와 텔레비전의 별칭으로 사용되는 튜브 (TUBE)의 합성어이다.

유튜브는 어떻게 다를까?

유튜브는 페이팔에서 함께 일하던 스티브 첸, 채드 헐리, 자웨드 카림이 함께 창업한 플랫폼입니다. 이들은 어느 날, 저녁 파티에서 촬영한 동영상을 공유하는 것이 얼마나 힘든지를 깨닫고, 일상적인 동영상을 쉽고 빠르게 공유할 수 있는 사이트를 개발하기로 합니다. 이것이 바로 유튜브의 시작입니다.

사실 유튜브 이전에도 동영상 플랫폼은 다수 존재했습니다. 다만 업로드 방식과 영상 처리 방식이 서버 트래픽에 큰 부담을 주어서, 과거에는 영상보다 텍스트나 이미지 콘텐츠를 주로 소비했습니다. 영상을 포함한 콘텐츠가 있다면, 제목에 '영상이 있으니 참고해달라'는 표시를 남기는 것이 일종의 에티켓이었을 정도였죠.

　유튜브는 트래픽 부담에 허덕이는 기존 동영상 플랫폼의 문제를 개선하기 위해 '플래시 플레이어를 이용한 재생 기술'을 도입합니다.(현재는 이 기술을 사용하고 있지 않습니다.) 이는 AVI나 MPEG 형태의 동영상을 그대로 재생하는 기술적 한계를 획기적으로 극복하는 계기가 되었습니다. 그전까지는 개인이 촬영한 영상을 인터넷에 게시하는 것은 어렵고 특별한 일이었는데, 유튜브 덕분에 누구나 쉽고 빠르게 영상을 공유할 수 있는 새로운 시대가 열린 겁니다.

유튜브 최초의 영상은 무엇일까?(한눈에 보는 유튜브 발전사)

유튜브 최초의 영상은 'Me at the zoo'라는 영상으로 유튜브 공동 창업자 중 한 명인 자웨드 카림이 코끼리에 대한 이야기를 하는 영상이다. 2022년 기준, 약 2억 2천만 조회 수를 기록 중이다.

2005.02. 유튜브 공동 창업
2005.04. 첫 번째 동영상 업로드
2005.11. 정식 서비스 시작
2006.10. 구글의 유튜브 인수
2007~ 국가별 현지화 서비스 시작
2010.01. HTML5 플레이어 모드 지원 및 버퍼링, 음질 문제 개선
2011.12. 채널 구독, 미리 보기 화면 확장 등 지금과 유사한 메인 페이지 등장

Me at the zoo 바로 보기 ▶

또 한 가지 유튜브와 다른 미디어 플랫폼의 두드러지는 차별점은 크리에이터의 존재와 취향에 맞는 콘텐츠를 찾아주는 알고리즘입니다. 유튜브가 한국어 서비스를 시작한 2008년, 국내에는 아프리카TV, 다음 팟 등 스트리밍 서비스를 기반으로 한 동영상 플랫폼이 주류를 이루고 있었습니다. 반면에 유튜브는 소비자의 관심사에 부합하는 영상을 끊임없이 추천해 주는 알고리즘 기반으로 운영되었습니다. 이 알고리즘을 통해 많은 공을 들이지 않은 영상도 재미만 있다면 높은 조회 수가 나올 기회가 생긴 것이죠.

이런 유튜브의 특징은 누구나 영상을 제작할 수 있는 기반을 마련해 주었고, 다양한 주제를 다루는 크리에이터를 탄생시켰습니다. 여기에 광고를 통한 수익 창출 방식까지 체계화되면서 지금 같은 유튜버 전성시대가 열리게 됩니다.

유튜브를 인수한 구글(Google), 4년 가까이 엄청난 적자에 허덕였다고?

구글은 유튜브 서비스 시작 1년 뒤, 16억 5천만 달러에 유튜브를 인수한다. 이는 구글이 진행했던 인수합병 규모 중 가장 큰 규모였다. 하지만 트래픽의 안정성 확보에도 불구하고 전 세계에서 업로드되는 영상을 감당하기가 어려웠다. 또한 광고 체계와 수익 모델도 명확하지 않아서, 구글은 유튜브 때문에 2010년까지 천문학적인 숫자의 적자를 기록한다.

엄청난 손해에도 불구하고 서비스를 유지했던 구글의 안목은 현재 큰 성공을 만들어냈다. 더불어 이 책을 쓰고 있는 '나'를 포함해 유튜브 서비스를 기반으로 새로운 도전을 하는 전 세계 사람들을 생각하면, 손해를 감수한 구글의 투자에 고마울 따름이다.

2. 유튜브의 영향력 ▶

돈, 인기, 영향력! 모든 기회를 모두에게, 공평하게

'동영상'이라는 단어를 들으면, 무슨 생각이 가장 먼저 떠오르나요? 과거에는 TV 방송이나 영화 등이 떠올랐다면, 오늘날은 가장 먼저 유튜브가 생각날 겁니다. 대부분의 사람이 스마트폰을 이용해서 여가시간을 보내는 만큼, 국내는 물론 전 세계적으로 유튜브에 대한 수요가 엄청나게 높아졌고, 그에 따른 영향력도 계속해서 커지고 있습니다.

유튜브는 연령과 성별을 가리지 않고 필수적으로 사용하는 앱(App)입니다. 돌이 막 지난 아기부터 6~70대 어르신까지 유튜브와 함께 하루를 보내는 사람을 자주 볼 수 있습니다. 특히 어린이와 10대 청소년의 경우, TV보다 유튜브를 통한 모바일 콘텐츠가 더 익숙한 세대가 되었습니다. 실제로 이들은 연예인보다 유튜브 스타에게 더 많은 영향을 받고 있으며, 장래 꿈이 유튜버라고 말하는 비율도 늘어나고 있죠. 국내뿐만 아니라 해외도 마찬가지입니다. 2014년, 미국 연예 잡지인 '버라이어티'에서 10대 청소년을 대상으로 가장 영향력 있는 인물을 조사했는데, 상위 5명이 유튜브 스타였습니다.

 유튜브가 우리 일상에 많은 영향력을 발휘하게 된 바탕에는 수많은 유튜버의 탄생과 그들의 수익을 빼놓을 수 없습니다. 유튜버로 어느 정도 자리를 잡으면 웬만한 직장인 월급보다 많은 수익을 얻는 것은 물론이고, 소위 말하는 '대박 유튜버'가 되면 상상 이상의 수익을 얻기도 합니다. 세계적인 상위 Top5 유튜버는 연간 약 200억 원 내외의 엄청난 수익을 얻습니다. 국내에서도 키즈 유튜버 가족이 서울의 고가 빌딩을 매입한 사실이 알려지면서 유튜버의 수익에 관심이 쏠리기도 했습니다. 유튜버의 인기와 영향력도 대단합니다. 콘텐츠가 대중의 큰 관심을 받으면 영상을 제작한 일반인이 연예인처럼 인기를 얻고 영향력을 미치는 '크리에이터'가 됩니다. 과거 유명인이 되기 위한 거의 유일한 통로였던 TV를 넘어, 이제 누구에게나 공평한 기회를 주는 유튜브 시대가 열린 것입니다.

유튜브가 만드는 새로운 일상

검색 패턴의 변화

 한때, 어떤 플랫폼으로 검색을 하느냐에 따라 '요즘 애들'과 '옛날 어른'으로 나뉜다는 이야기가 있었습니다. 검색 포털이 익숙한 세대는 네이버나 구글에서 궁금한 것을 찾지만, 10대의 경우 대부분의 검색을 유튜브로 하는 특징을 나타낸 말이었죠.

 최근에는 청소년이 아니더라도 유튜브로 정보를 얻고 뉴스를 보는 사람들이 늘어나고 있습니다. 우리나라 연령대별 유튜브 사용량 1위가 50대라는 사실만 봐도 유튜브가 전통 미디어를 넘어 새로운 검색 공간이 되었음을 알 수 있습니다. 많은 사람이 유튜브 검색을 선호하게 된 이유는 텍스트보다 영상의 디테일한 설명이 유용한 경우가 많기 때문입니다. 또한 크리에이터가 직접 얼굴을 공개하고 정보를 전달하면서 텍스트보다 신뢰를 준 것도 주요한 이유입니다. 그러나 일명 '카더라' 혹은 거짓 정보를 생산하는 유튜버도 많기 때문에 정보를 선별하는 눈은 유튜브 시청 시 필수적으로 필요한 능력입니다.

직업의 변화

유튜브 시대가 시작되면서 유튜버뿐만 아니라 이와 관련된 다양한 직업군의 수요도 함께 늘어나고 있습니다. 촬영 전문가, 편집 기술자, 콘텐츠 작가, 기업의 유튜브 채널 운영자 등 유튜브와 관련된 직업이 많아지면서 더 다양한 일자리가 생겼습니다. 그뿐만 아니라 간편한 영상 편집을 위한 프로그램 개발이나, 영상을 감각적으로 만들어주는 글꼴, BGM 같은 콘텐츠를 생산하는 기업도 많아졌습니다. 이처럼 유튜브는 단순히 영상을 제공하는 서비스를 넘어 직업, 문화, 사회에 큰 영향을 주는 대세로 자리 잡고 있습니다.

문화 교류의 변화

일론 머스크, 비욘세, 영국 왕가의 공통점은 무엇일까요? 바로 2018년도 가장 인기 있는 유튜브 실시간 스트리밍의 주인공이라는 사실입니다. 우리는 유튜브를 통해 전 세계 문화 현상을 실시간으로 볼 수 있습니다. 유튜브는 촬영 후 업로드된 영상뿐만 아니라 전 세계 어디서나 실시간 상황을 생생하게 전달하고 있습니다. 2018년 2월 미국 항공 우주 회사인 스페이스X의 우주 로켓 '팰컨 헤비(Falcon Heavy)' 발사 장면은 유튜브에서 230만 이상의 동시 조회 수를 기록했으며, 그보다 앞선 2012년 오스트리아 스카이다이버인 펠릭스 바움가르트너가 우주 가장자리에서 점프하는 장면은 유튜브 플랫폼에서 두 번째로 인기 있는 실시간 스트리밍으로 기록되었습니다.[1] 이처럼 유튜브는 세계사에 남을 만한 중대한 일은 물론, 개인들의 소소한 일상까지 실시간으로 시청하고 소통할 수 있는 매개체가 되었습니다.

문화 생산 매체의 변화

예전에는 TV가 신조어, 메이크업, 패션 등 유행을 선도하는 매체의 역할을 했습니다. 하지만 지금은 TV뿐만 아니라 유튜브가 새로운 유행을 생산하고 배포하는 주요한 매체가 되었습니다. 특히 유튜브는 어린이에게 큰 영향을 줍니다. 요즘 아이들이 사용하는 줄임말의 경우, 대부분 유명 유튜버나 BJ가 사용하면서 유행이 되었습니다.(부적절한 유행어로 교실에서 다양한 금칙어가 생겨나기도 합니다.)

새로운 문화를 소비하고 즐기는 것은 어른, 아이 할 것 없이 누구에게나 주어진 자유입니다. 하지만 범람하는 콘텐츠 속에서 올바른 문화생활을 즐기기 위해서는 부적절하거나 자극적인 콘텐츠보다 건전하고 건강한 콘텐츠를 선택할 수 있어야 합니다. 특히 어린이에게는 올바른 미디어 의식이 자리 잡도록 어른들이 도움을 주고, 영상을 만드는 유튜버는 시청자의 삶에 좋은 영향력을 주는 콘텐츠를 제공해야 합니다.

---

1 Think with Google, YouTube에서 일어나는 3가지 행동 및 문화적 변화가 마케팅에 미치는 영향 (2019. 05)

3. 유튜브 구독자 수에 따른 혜택

유튜브는 구독자 수에 따라 차등적인 혜택을 부여합니다. 게임 캐릭터처럼 크리에이터의 등급이라고 봐도 무방합니다. 많은 유튜버의 채널 운영 목적이자 궁극적 목표인 구독자 수에 따른 혜택을 알아보겠습니다. 지금부터 말씀드리는 내용은 유튜브의 정책 변경에 따라 기준과 혜택이 달라질 수 있습니다.

그래파이트

구독자 1명부터 1,000명 미만의 단계입니다. 예전에는 구독자 1천 명 미만의 채널은 수익 활동이 어려웠으나, 유튜브 정책의 변화로 구독자 수 500명, 12개월 이내 3,000 시청 시간, 또는 90일 이내 Shorts 조회 수 300만 회를 충족하면 멤버십, Supers, 쇼핑을 통한 수익화가 가능합니다.

오팔

구독자 1천 명부터 1만 명 미만으로, 이 단계부터 조회 수를 통한 광고 수익 창출이 가능해집니다. 물론 구독자 1,000명이 넘어도 바로 수익 창출이 되는 것은 아닙니다. 수익 창출 조건인 시청 시간 '4,000시간'을 함께 달성해야 합니다. 채널마다 어느 정도 차이가 있지만 포기하지 않고 영상을 꾸준히 올린다면 4,000시간은 충분히 채울 수 있습니다.

오팔 단계부터 꾸준히 영상을 올리면 직업 유튜버로서의 희망이 보입니다. 오팔 단계에서 예상되는 유튜브 광고 수익은 월 1만 원 ~ 100만 원입니다. 콘텐츠에 따라 그 이상도 될 수 있으니, 본격적인 수익화를 위해 열심히 달려보기 바랍니다.

브론즈

구독자 1만 명부터 10만 명 미만으로, 유튜브 본사의 공식 설명에 따르면 브론즈 등급부터 유튜브 스페이스를 통한 프리미엄 녹음실 이용, 이벤트 참여 등의 혜택을 누릴 수 있습니다. 아쉽게도 한국에는 유튜브 스페이스가 없습니다. 브론즈 단계에서 예상되는 유튜브 광고 수익은 월 3만 원 ~ 300만 원입니다.

실버

구독자 10만 명이 넘으면 실버 단계가 됩니다.(100,000 이상 ~ 1,000,000 미만) 실제로 많은 유튜버가 실버 단계 진입을 목표로 잡고 있습니다. 이 단계가 되면 드디어 실버 플레이어 버튼을 받습니다. 또한 실버 단계부터 유튜브 파트너 관리자를 배정받아 채널 운영에 도움을 받을 수 있습니다. 이때부터 전업 유튜버를 고민하는 분들이 많아집니다. 실버 단계에서 예상되는 유튜브 광고 수익은 월 50만 원 ~ 5천만 원입니다.

골드

구독자 100만 명부터 1,000만 명 미만으로, 이 단계에 도달하면 골드 플레이어 버튼을 받습니다. 골드 버튼을 받은 유튜버는 한국 상위 400위 안에 들어간다고 봐도 무방합니다. 운동, 사업, 공부 등 무엇을 하던 400위 안에 들어가는 것은 참 어렵습니다. 그만큼 골드 단계가 되는 것 역시 어려운 일입니다. 이미 팬층을 확보한 연예인의 개인 채널도 골드 버튼을 받기가 쉽지 않다고 하니 새삼 얼마나 어려운 일인지 실감이 납니다.

골드 버튼과 관련된 흥미로운 이야기를 하나 나누면, '백종원의 요리 비책' 채널은 실버 버튼과 골드 버튼을 동시에 받은 이례적인 기록을 갖고 있습니다. 그만큼 구독자 유입이 매우 빨랐다는 것이죠. 참고로 우리나라에서 최초로 골드 버튼을 받은 유튜버는 게임 유튜버 '양띵'입니다. 골드 단계에서 예상되는 유튜브 광고 수익은 월 500만원 ~ 5억 원입니다.

다이아몬드

다이아몬드 단계는 구독자 1천만 명 이상을 보유한 유튜브 채널을 말합니다. 단순히 숫자만 봐도 국내를 넘어 세계적인 인기가 있어야 합니다. 이 단계가 되면 유튜브를 통해 전 세계 팬들과 소통하고 있음을 증명하는 다이아몬드 플레이어 버튼을 받게 됩니다.

국내에서는 싸이, 빅뱅 등 K-pop 스타들의 채널이 주로 다이아몬드 등급입니다. 핑크퐁, 아기 상어로 유명한 베베핀의 영문 채널은 14개월 만에 다이아몬드 등급을 받기도 했습니다. 개인 유튜버로는 음악 크리에이터 제이플라, 먹방 유튜버 햄지 등이 있습니다. 개인으로서 유튜브 채널을 개설하고 다이아몬드 단계를 달성하면 어떤 기분이 들까요? 상상해 보는 것만으로도 다양한 감정이 느껴집니다. 다이아몬드 단계에서 예상되는 유튜브 광고 수익은 월 5천만 원 ~ 10억 원입니다.

루비

유튜브 구독자 수 1위였던 게이머 '퓨디파이(PewDiePie)'가 5,000만 구독자를 달성했을 때, 루비 플레이어 버튼을 받으면서 루비 단계의 존재가 드러났습니다. 구독자가 5,000만 명 이상이어야 하는 루비 단계는 정말 도달하기 힘든 경지입니다. 루비 버튼과 관련된 흥미로운 점은 실버, 골드, 다이아몬드 버튼과 달리 채널에 맞춰 커스텀 형태로 제작된다는 사실입니다. 즉, 동일한 모양이 아니라 채널의 개성을 담은 특색 있는 모습으로 제작됩니다. 2024년 1월 기준, 루비 버튼을 받은 채널은 세계적으로 40여 개 정도라고 하니 루비 단계가 되는 것은 정말 어마어마한 일입니다. 루비 버튼을 받은 대표적인 채널은 Ed Sheeran, 블랙핑크, 하이브레이블(BTS) 등이 있습니다.

레드 다이아몬드

한국 시각으로 2019년 9월 7일, 유튜버 공식 인스타그램에 1억 구독자 달성 채널을 위한 '레드 다이아몬드 크리에이터 어워드'가 준비되었다는 포스팅이 올라왔습니다. 즉 1억 명의 구독자 채널을 레드 다이아몬드라고 부르

기로 하겁니다. 레드 다이아몬드 버튼의 모양은 다이아몬드 플레이 버튼에서 작은 재생 아이콘이 빨간색으로 변하는 모습을 보여줍니다. 2024년 1월 기준으로 1억 명 구독자를 돌파한 유튜브 채널은 전 세계적으로 퓨디파이(PewDiePie), MrBeast, T-serise, Cocomelon, SET india 등 10여 개 채널뿐입니다.

물론 레드 다이아몬드를 목표로 두고 채널을 시작하는 분은 거의 없을 겁니다. 다만 레드 다이아몬드까지 소개한 이유는, 이런 채널을 부러워만 하는 것이 아니라, 이 단계에 오기까지 얼마나 오랜 시간과 노력이 필요했을지 한 번쯤 생각해 보면 좋겠다는 취지입니다. 꾸준히 그리고 성의껏 영상 작업을 하고 구독자와 소통한다면 분명 자신이 세운 목표에 도달할 수 있을 겁니다.

박성배 교수

"유튜브 채널의 구성 요소와 특징에 대해 알아봅시다."

2교시
유튜브의 기초

1. 유튜브 채널 살펴보기

2. 필수 설치! 유튜브 스튜디오

3. 동영상 업로드의 기초

4. 수익 창출 경로

이번 시간에는 유튜브를 시작하기 위해서 반드시 알아야 할 채널 요소와 역할을 배웁니다. 이미 유튜브 채널의 기능을 잘 아는 분이라면 가볍게 읽어도 좋습니다.

배너 이미지(채널 상단 이미지)

유튜브 채널에 접속하면 채널의 대문 역할을 하는 '배너 이미지'가 가장 먼저 보입니다. 채널의 성격을 시청자에게 빠르게 알려주고 혜택이나 이벤트 관련 내용을 넣어 구독을 유도할 수 있는 공간입니다. '배너 이미지' 작업 시 주의해야 할 점은 모바일, PC, TV로 봤을 때 노출 화면이 조금씩 다르다는 것입니다. 이미지 등록 후,

화면마다 의도한 대로 보이는지 꼭 확인해야 합니다. '배너 이미지'는 일반적으로 포토샵 같은 디자인 툴로 만드는데, 최근에는 미리캔버스나 멸치 앱 등을 통해 간단한 제작도 가능해졌습니다.

프로필 사진(채널 아이콘)

배너 이미지는 시청자가 채널에 접속해야만 볼 수 있는 반면, '프로필 사진'은 유튜브 채널을 만드는 순간부터 항상 따라다니는 요소입니다. 메인 화면에서 채널명 왼쪽에, 업로드된 동영상 제목 앞에 나옵니다. 다른 채널 영상에 댓글을 달 때도 보이는 것이 바로 '프로필 사진(채널 아이콘)'입니다. 그만큼 유튜브 여러 곳에 노출되기 때문에 다른 요소보다 신중한 기획과 브랜딩이 필요합니다.

비구독자 대상 채널 트레일러(채널 예고편)와 재방문 구독자 대상 추천 동영상

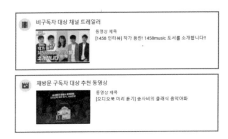

유튜브 채널의 가장 상단에 있는 영상이 '채널 예고편'입니다. '채널 예고편'은 내 채널에 방문한 시청자 중 구독자가 아닌 사람에게 영상을 노출하는 곳입니다. 추후 시청자가 내 채널의 구독자가 되면 구독자를 위한 추천 동영상으로 변경되는 곳이기도 합니다.

이 공간을 통해 시청자와 구독자에게 내 채널의 핵심 컨셉을 전달하고 지속적인 시청을 유도할 수도 있습니다. 필수로 세팅하기 바랍니다. 예고 영상을 만드는 게 여의치 않다면 가장 인기 있는 영상으로 설정해두는 것이 좋습

니다. 주기적으로 변경해 주는 것도 좋은 방법입니다. '유튜브 스튜디오 →
맞춤 설정 → 레이아웃'에서 설정할 수 있습니다.

재생목록

주제별로 영상을 묶어서 노출하는 기능입니다. 채널 초반에는 영상이 많지
않기 때문에 재생목록이 다양하지 않지만, 시간이 지날수록 주제별 영상 정
리가 필요합니다. 시청자는 '재생목록'을 통해 같은 주제의 영상을 이어서 시
청할 수 있습니다. '재생목록'은 유튜브 개설 시 반드시 설정해야 하므로 꼼
꼼하게 확인 후 구성하기 바랍니다.

초보 유튜버가 가장 많이 하는 실수가 있습니다. 바로 영상을 업로드하기까지는 굉장한 노력을 기울이지만, 영상을 올린 후에는 별다른 관리나 후속 조치를 하지 않는 것입니다. 유튜브 채널의 성장을 위해서는 필수적으로 영상 업로드 후 관리가 필요합니다. 어떤 사람이 내 영상을 시청했는지, 지속 시청 시간은 얼마인지, 노출 클릭률은 어느 정도인지 파악하고 추후 영상 제작에 참고해야 합니다. 이때 사용하는 툴이 '유튜브 스튜디오'입니다. PC로 접속할 수도 있고, 앱을 설치하면 스마트폰으로도 확인할 수 있습니다. 다양한 지표에 따른 채널 분석을 실시간으로 알려줍니다. 이곳에서 영상 제목, 설명, 태그 및 세부 항목도 편하게 수정할 수 있습니다. 유튜브를 제대로 운영하고 싶다면 '유튜브 스튜디오' 앱은 필수로 설치하기 바랍니다.

유튜브 스튜디오 기능 소개

① **대시보드** : '유튜브 스튜디오'에 들어가면 가장 먼저 보이는 화면입니다.

채널의 다양한 수치적 지표를 확인할 수 있습니다. 이를 분석해서 새로운 인사이트를 얻거나 채널 운영 전략을 수정할 수 있습니다.

② **콘텐츠** : 내 채널의 영상을 한눈에 확인하는 곳입니다. 조회순, 최신순 등으로 정렬 기준을 변경할 수 있습니다. 트래픽 소스, 시청자층, 수익 등 영상의 수치적인 세부정보를 볼 수 있고, 연필 모양을 누르면 제목, 설명 등을 수정할 수 있습니다.

③ **재생목록** : 재생목록에 대한 정보를 확인하는 곳입니다. 간단한 수정이 가능합니다.

④ **댓글** : 내 채널에 올라온 댓글을 확인하고 관리하는 메뉴입니다. 내 채널에 달린 댓글에 '좋아요'와 '싫어요'를 누르거나 답글을 달 수 있습니다. 악의적인 댓글이나 광고성 스팸의 경우, 댓글 삭제, 스팸 신고, 사용자 숨기기도 가능합니다.

⑤ **분석** : 유튜브 채널을 운영할 때 가장 중요하다고 해도 과언이 아닌 메뉴입니다. 채널의 현재 상태, 구독자의 증가 수, 채널의 전체 조회 수, 시청 시

간, 실시간 인기 동영상 등 다양한 정보를 확인할 수 있습니다. 하위 메뉴인 도달 범위에서는 내 채널 영상이 노출되었을 때 시청자가 영상을 얼마나 클릭했는지 알 수 있는 '노출 클릭률', 내 채널에 어떻게 접속했는지 알 수 있는 '트래픽 소스 유형', 외부에서 내 채널에 접속했다면 어떤 경로인지 확인할 수 있는 '상위 외부 소스', 내 채널에 어떤 검색어를 통해 접속했는지 알 수 있는 '상위 Youtube 검색어' 등을 확인할 수 있습니다. 또한 시청자층 메뉴에서는 시청자의 성별, 연령, 국가, 구독자 시청 시간 등을 자세하게 확인할 수 있습니다. 전략적인 영상 제작과 노출을 위해 자주 확인해야 하는 필수 메뉴입니다.

유튜브 채널에 영상을 업로드할 때 고려해야 하는 것들을 알아보겠습니다.

공개 범위 설정

동영상을 업로드할 때 영상의 공개 범위를 설정할 수 있습니다. 이때 영상을 바로 공개하기보다는 예약 또는 비공개 기능으로 업로드하는 것을 추천합니다. 이렇게 할 경우 일정한 시간에 맞춰 영상을 노출할 수 있고, 음악 저작권 등에 대한 점검을 영상 공개 전에 할 수 있기 때문입니다. 업로드 후 저작권 등의 문제로 영상을 삭제하게 되면 구독자의 신뢰가 떨어지고 영상을 수정하여 재업로드 해도 적은 조회 수가 나오기 쉽습니다. 채널 관계자들의 사전 모니터링을 위한 일부 공개도 자주 사용하는 기능입니다. 멤버십을 운영하는 경우 멤버만 볼 수 있는 공개 설정도 가능합니다.

공개 범위	내용
공개	유튜브 채널에 영상을 업로드하는 즉시 모든 시청자에게 공개된다.
일부 공개	유튜브 내에서 검색과 추천이 되지 않으며, 동영상 링크 주소를 통해서만 영상에 접근할 수 있다. 보통 영상 업로드 후 관계자들과 사전 모니터링을 할 때 주로 사용한다.
비공개	관리자만 볼 수 있다. 구글 계정을 허용한 특정 이용자는 시청이 가능하다.
예약	원하는 시간에 영상을 공개할 수 있다. 영상을 일정하게 업로드하고 싶다면 예약 기능을 이용하는 것이 좋다. 화면에 영상 공개 시간이 카운팅되도록 설정할 수도 있다.

효율적인 영상 제목 만들기

영상 제목을 만드는 자세한 내용은 Part03에서 확인할 수 있습니다. 여기서는 제가 자주 사용하는 효율적인 제목을 만드는 방법을 하나만 소개하겠습니다.

제가 추천하는 방법은 바로, 키워드를 제목의 첫머리에 넣는 것입니다. 핵심 키워드는 연관 검색어로 찾을 수 있습니다. 예를 들어 '달고나' 영상을 제작한다면, 유튜브 검색창에 '달고나'를 검색합니다. 그러면 다양한 연관 검색어가 나옵니다. 이 연관 검색어 중 여러분의 영상과 관련 있는 '달고나 만들기'를 뽑고, 해당 검색어로 다시 한번 2차 검색을 합니다. 정리하면, 처음에는 '달고나'로 검색 후 '달고나 만들기'라는 키워드를 뽑고, '달고나 만들기'

로 다시 한번 검색해 보는 거죠. 그럼 이미지와 같이 '날고나 만들기'와 관련
된 연관 검색어를 확인할 수 있습니다. 이 중에서 여러분의 영상과 밀접한 관
련이 있는 검색어를 제목 첫머리에 넣으면 됩니다.

설명

설명란을 단순히 영상에 대한 설명 공간으로 생각하는 경우가 많지만, 이
곳에 작성한 내용은 내 채널을 유튜브에 노출하는 데 영향을 줍니다. 따라서
설명란에 영상과 관련된 키워드를 활용해서 자세한 내용을 기재하는 것이 좋
습니다. 다만 동일한 키워드를 지나치게 반복하면 스팸으로 처리될 수 있으
니 주의해야 합니다.

해시태그

#으로 시작하는 단어를 해시태그라고 부릅니다. 해시태그를 적절하게 사

용하면 영상 노출 확률이 높아집니다. 공백 없이 작성해야 합니다. 영상과 관련 없는 해시태그를 사용하거나 저속한 단어를 사용하면 유튜브 정책에 따라 불이익을 받을 수 있으니 주의해야 합니다.

태그

태그는 유튜브 내에서 동영상 카테고리를 나누는 중요한 역할을 합니다. 동일 카테고리로 분류된 동영상의 관련 동영상으로 표시될 확률을 높여줍니다. 따라서 신중하게 작성해야 하며, 해시태그와 달리 문장도 입력할 수 있습니다. 유튜브 전문가마다 견해 차이는 있지만 보통 20개 정도를 권장하는 편입니다.

참고로 태그는 시청자에게 노출되지 않습니다. 다만 타 채널의 태그가 궁금할 경우 '튜브 버디' 사이트를 이용하면 태그 내용을 확인할 수 있습니다.

Shorts 영상

유튜브는 2021년 초부터 틱톡과 비슷한 형태인 Shorts 시스템을 도입했습니다. Shorts 영상은 1분 이하, 세로 모드 영상만 업로드 가능하며 구독자 수 제한 없이 누구나 업로드 할 수 있습니다. 따라서 채널 초반 홍보가 필요한 경우 Shorts 영상을 적극적으로 활용해야 합니다. Shorts는 영상 자체가 짧기 때문에 시작 후 3초 이내로 시청자를 사로잡아야 하고, 7초 안에 재미나 정보 등을 명확히 전달하여 끝까지 시청할 수 있도록 해야 합니다. 그렇지 않은 경우 바로 다음 영상으로 넘겨지기 쉽습니다.

Shorts는 업로드 후 하루 이틀 뒤부터 조회 수가 올라가는 경우도 있기 때문에 조급해하지 말고 기다려보는 시간이 필요합니다. 또한 Shorts 영상을 제작했다면, 유튜브에만 업로드하지 말고 틱톡, 인스타그램 릴스와 같은 숏폼 콘텐츠 플랫폼에도 꼭 함께 업로드하는 것이 좋습니다.

4. 수익 창출 경로

유튜브를 통한 수익 창출은 광고 노출이 가장 일반적이지만, 그 외에도 다양한 수익 창출 경로가 있습니다. 지금은 가장 일반적인 내용을 다루겠습니다. 수익 창출에 관한 자세한 내용은 Part04에서 확인할 수 있습니다.

광고 수익

유튜브 채널을 통해 광고 수익이 발생하려면 기본적으로 구독자 1,000명과 12개월 이내에 누적 시청 4,000시간 또는 90일 이내 Shorts 조회 수 1,000만을 달성해야 합니다.(채널 자격 요건은 구글 정책에 따라 변경될 수 있습니다.) 해당 조건을 충족한다고 저절로 광고 수익이 나는 것은 아니고, 채널 운영자가 수익 정산을 신청하는 절차가 필요합니다.

영상에 노출되는 광고 종류는 오른쪽 표처럼 크게 3가지입니다.

명칭	위치	내용
건너뛸 수 있는 동영상 광고		5초 후에 건너뛸 수 있는 광고로 데스크톱과 휴대기기 모두 적용되며, 30초 미만 광고는 끝까지, 30초 이상 광고는 그 이상 시청한 경우 광고료가 발생한다.
건너뛸 수 없는 동영상 광고		유튜브 시청자가 광고를 끝까지 시청해야 원하는 영상을 볼 수 있는 구조로 최대 길이 30초까지 광고가 노출된다.
범퍼 광고		건너뛸 수 없는 짧은 길이(최대 6초)의 동영상 광고로, 이 광고를 시청해야 동영상을 볼 수 있다.

예전에는 크리에이터가 노출하는 광고의 종류를 선택할 수 있었지만, 지금은 긴 형식 동영상에 광고 사용을 설정하면 유튜브가 시청자에게 프리롤, 포스트롤, 건너뛸 수 있는 광고, 건너뛸 수 없는 광고를 적절한 시점에 자동으로 노출합니다. 다만 영상 중간에 노출되는 미드롤 광고 사용 여부는 크리에이터가 선택할 수 있습니다.

유튜브 프리미엄 시청 수익

시청자가 유튜브 프리미엄을 신청하면 영상에 광고가 나오지 않습니다. 구독 개념의 서비스인데 광고 때문에 영상이 끊기거나 방해받지 않아서 많은 유튜브 이용자가 사용하고 있습니다. 프리미엄 이용자가 영상을 시청할 경우 정책에 따라 일정 비용이 채널에 정산됩니다. 유튜브 광고 수익 창출 조건을 충족해야 합니다.

Supers 수익

슈퍼챗, 슈퍼 스티커(실시간 스트리밍 방송), 슈퍼 땡스(긴 영상 및 Shorts) 등 시청자 후원으로 발생하는 수익입니다. 후원 금액에서 수수료 등을 제외한 약 70% 정도가 광고 수익과 함께 정산됩니다. 구독자 수 500명, 12개월 이내 3,000 시청 시간, 또는 90일 이내 Shorts 조회 수 300만 회를 충족하면 Supers를 사용할 수 있습니다.

채널 멤버십 수익

채널 멤버십은 채널에서 멤버십을 가입한 회원만 영상을 볼 수 있는 기능입니다. 월 구독 형태로 멤버십에 가입할 수 있으며, 가입된 멤버는 일반 시청자에게는 공개되지 않은 스페셜 영상이나 회원 전용 배지 등의 혜택을 받게 됩니다. 크리에이터는 멤버십 채널을 통해 발생된 수익의 약 70%를 정산받을 수 있습니다. Supers와 동일 조건을 충족해야 합니다.

유튜브 쇼핑

유튜브 영상 하단과 설명란에 제품을 노출하여 바로 판매할 수 있는 서비스입니다. 유튜브와 제휴를 맺은 쇼핑몰 개설 후 연동해야 합니다. 2024년 기준으로 카페24, 쇼플 등이 제휴되어 있습니다. Supers와 동일 조건을 충족해야 합니다.

브랜드 협찬 및 광고

광고주가 크리에이터에게 직접 광고 제작을 요청하거나 협찬할 경우 발생하는 수익입니다. 채널을 잘 성장시켜 일정 규모의 구독자와 팬을 확보했다면, 브랜드 협찬과 광고 수익의 규모가 커질 수 있습니다.

유튜브를 통한 수익화 방법이 다양해지고 있다 하더라도 가장 높은 비중을 차지하는 것은 영상 광고 수익입니다. 그 외 다른 영역은 크리에이터의 의지대로 진행할 수 있는 폭이 좁기 때문에 꾸준한 수익을 위해서는 기본에 충실한 좋은 품질의 콘텐츠를 만들어가는 것이 중요합니다.

박성배 교수

"자신의 적성과 지속성을 고려하여 콘텐츠 주제를 고릅니다. "

3교시
유튜브 콘텐츠별 특징

1. 유튜브 채널 주요 콘텐츠

음악, 먹방, 브이로그, 뷰티

리뷰, 키즈, 예능, 교육, 동물

요리, 운동, 덕후, 패션

유튜브에 어떤 영상을 올려야 할지 결정하는 일은 매우 중요합니다. 콘텐츠 카테고리를 결정하는 요소는 다양하지만, 무엇보다도 지속적으로 영상을 올릴 수 있는 분야인가를 꼭 고려해야 합니다. 콘텐츠 카테고리에 대한 자세한 내용은 Part02에서 확인할 수 있습니다. 이번에는 인기가 높은 콘텐츠 카테고리를 살펴보고 그 특징을 알아보겠습니다.

음악 콘텐츠

드라마 OST 피아노 커버 연주(1458music 채널)

음악은 언어의 장벽이 낮은 편이라서 세계적으로 뻗어 나갈 수 있는 콘텐츠입니다. 상대적으로 높은 조회 수와 구독자를 기대할 수 있죠. 실제로 상위 랭킹 유튜버에 음악 유튜버가 많은 것도 이런 음악 콘텐츠의 특징 때문입니다. 음악 전공자라면 누구나 쉽게 진입할 수 있어서 많은 음악 전공자가 유튜버로 활동 범위를 넓히고 있는 분야이기도 합니다. 가장 대표적인 음악 콘텐츠는 노래 커버입니다. 노래 커버의 경우 끊임없이 콘텐츠 소재가 나올 수 있고, 특히 유명 K-pop 가수가 신곡을 발표할 경우, 저절로 이슈가 만들어집니다. 이때 재빠르게 커버 영상을 올리면 채널이 자연스럽게 많이 노출되는 기회를 얻을 수 있습니다.

하지만 음악 콘텐츠는 큰 단점이 있습니다. 바로 저작권 문제입니다. 저작권 문제는 유튜브 채널 수익에 직접적인 영향을 줍니다. 광고가 붙더라도 노래의 저작권자와 수익을 나눠 받거나, 저작권자가 수익 배분을 하지 않는 영상은 수익이 전혀 나지 않을 수 있습니다. 물론 노래 홍보를 위해 음악 저작권자가 광고 수익을 유튜버가 받을 수 있도록 '저작권 화이트 처리'를 한 후 커버를 요청할 때도 있습니다. 이런 이유 때문에 직접 반주하면서 노래하는 유튜버들도 많습니다. 물론 이 경우도 저작권 문제가 해결된 것은 아니기 때문에 수익이 나지 않는 경우가 많습니다. 저작권자가 유튜브의 Content ID에 저작물을 어떻게 등록했는지에 따라 수익 발생 여부가 결정되기 때문입니다.

먹방 콘텐츠

우리나라의 '먹방'이라는 단어가 이제 글로벌한 고유어가 되었다는 사실을 알고 계신가요? 그만큼 먹방은 주요한 유튜브 콘텐츠가 되었습니다. 콘텐츠 초기 시절 먹방은 말 그대로 앉아서 먹는 모습을 보여주는 것이었지만, 시간이 지나면서 ASMR을 이용해 음식 먹는 소리를 들려주거나, 특이한 음식을 만들어 먹는 '쿡방'의 형태까지 발전하고 있습니다.

같은 먹방이라도 크리에이터마다 컨셉이 다양합니다. 비주얼에 중점을 두고 마치 음식 광고처럼 식욕을 자극하는 먹방이 있는가 하면, ASMR을 위주로 하는 먹방도 있습니다. 아기자기한 간식 혹은 디저트 위주의 컨셉으로 시청자를 사로잡는 채널도 있죠. 최근에는 귀여운 강아지나 돼지가 간식을 먹는 컨셉의 동물 먹방 채널도 등장했습니다. 하지만 시청자가 가장 잘 알고 있는 먹방은 뭐니 뭐니 해도 엄청난 양의 음식을 먹는 콘텐츠입니다. 먹방 콘텐츠 역시 음악 콘텐츠와 마찬가지로 언어의 장벽이 높지 않아 전 세계를 타깃으로 채널 운영이 가능합니다. 예쁜 간식을 먹는 컨셉의 Jane ASMR 채널은 전 세계 시청자의 사랑을 받으며 1천 6백만 명이 넘는 구독자를 보유하고 있습니다. 이처럼 먹방 콘텐츠가 지속적인 인기를 얻는 이유는 대리 만족, 식욕 자극, ASMR로 정리됩니다. 시청자가 먹고 싶은 음식을 유튜버가 대신, 그것도 아주 맛있게 먹는 모습을 보며 대리 만족을 느끼는 거죠. 먹방 ASMR을 들으며 잠을 자는 시청자도 늘고 있습니다.

물론 먹방 콘텐츠에도 어려운 점이 있습니다. 기본적으로 음식이 맛있어 보이게 하는 카메라 장비가 필수이고, 먹는 소리를 전달하기 위한 마이크 또는 녹음기가 필요합니다. 정기적인 먹방을 하면 식비 또한 만만치 않습니다. 킹크랩, 캐비어, 샥스핀 등 비싼 음식은 물론, 가격이 저렴하더라도 많은 양의 음식을 준비하다 보면 재료 비용이 많이 발생합니다.

브이로그 콘텐츠

브이로그는 'Video'와 'Blog'의 합성어로 일상을 촬영한 콘텐츠입니다. 특정 주제보다는 일상적인 이야기를 다루기 때문에 특별한 소재가 없어도 쉽게 접근할 수 있는 분야입니다. 하지만 그만큼 시청자의 호불호가 크게 갈리기도 합니다. 브이로그의 경우 일상의 순간을 화면에 담는 경우가 많아서 대게 스마트폰과 셀카봉을 활용한 간단한 장비로 촬영하는 편입니다.

브이로그의 핵심은 공감입니다. 시청자는 브이로그를 통해 타인의 삶과 자신의 삶을 비교하며, 그 과정에서 다양한 감정에 공감하게 됩니다. 최근에는 일상을 넘어 직업을 다루는 콘텐츠가 시청자의 많은 공감을 받고 있습니다. 브이로그 채널은 다른 콘텐츠에 비해 제작이 쉽지 않습니다. 가장 큰 이유는 촬영과 편집의 어려움 때문입니다. 브이로그는 실내에 앉아서 찍는 영상보다 많은 편집과 자막이 필요합니다. 또한 재미있는 포인트를 촬영하는 일이 초보 유튜버에게는 쉽지 않습니다. 자신만의 특색을 찾는 일도 어렵습니다. 유튜브를 시작할 때 많은 분이 브이로그 콘텐츠를 시도하지만, 특수 직업 종사자, 연예인, 남들과 확연히 다른 일상, 외모 등의 차별적인 요소가 확실하지 않다면 시청자의 관심을 받기가 어렵습니다. 브이로그 영상을 편집할 때는 프리미어나 파이널 컷 같은 데스크톱 전용 편집 프로그램뿐만 아니라 블로, 키네마스터 등 핸드폰 앱도 자주 사용합니다.

뷰티 콘텐츠

뷰티 콘텐츠는 다양한 화장법을 소개하는 분야입니다. 특히 최근 K-뷰티 열풍이 불면서 세계적으로 관심이 높아졌고, 국내 화장품 산업에도 큰 영향을 주고 있습니다. 유명 뷰티 유튜버가 사용하는 화장품은 국내뿐만 아니라 전 세계적으로 큰 관심을 받습니다. 뷰티 채널은 언어의 장벽이 비교적 높지 않아서 해외 시청자 유입도 많은 편입니다. 뷰티 크리에이터는 이미지와 글만으로 설명하기 어려운 화장 꿀팁 등을 자세히 소개합니다. 구독자가 댓글로 요청하는 메이크업을 하기도 하고 연예인 메이크업을 소개하기도 합니다. 연예인 메이크업을 따라 하는 콘텐츠는 상대적으로 높은 조회 수가 나오는 편입니다. 뷰티 콘텐츠는 메이크업 스킬이 좋은 편이면 남녀노소 누구나 시작할 수 있고, 글로벌 시장을 타깃으로 성장하기에 좋은 콘텐츠입니다.

다만 얼굴 노출이 필수적이고 정말 다양한 화장품이 필요합니다. 준비가 되어있지 않다면 화장품 구매에 상당한 지출이 필요합니다. 또한 얼굴이 화면 가득 나오기 때문에 조명이나 색감에도 신경을 써야 합니다.

리뷰 콘텐츠

리뷰 콘텐츠는 유튜브 성장에 크게 기여한 카테고리 중 하나입니다. 사진과 글의 형태가 아닌 더 생생한 리뷰를 원했던 사용자가 유튜브를 검색 사이트 대신 사용하기 시작한 거죠. 시청자는 리뷰 영상을 통해 사진과 글만으로 파악하기 어려웠던 자세하고 생생한 정보를 얻을 수 있습니다. 그렇기 때문에 리뷰 콘텐츠는 시청 지속 시간이 가장 높은 분야이기도 합니다.

리뷰 콘텐츠는 크게 상품 리뷰, 상점 리뷰, 영화 리뷰, 음식 리뷰 등이 있습니다. 상품 리뷰는 TV, 핸드폰, 소프트웨어, 장난감, 자동차 등 다양한 상품에 대한 정보를 제공합니다. 리뷰 영상 중에 가장 흔하게 볼 수 있는 콘텐츠입니다. 상점 리뷰는 식당, 병원, PC방, 마트 등을 유튜버가 직접 이용해 보고 장단점을 리뷰하는 콘텐츠입니다. 모든 리뷰 콘텐츠가 그렇지만 특히 상점 리뷰의 경우 잘못된 정보를 전달했을 때, 해당 사업장에 큰 피해를 줄 수 있기 때문에 단점을 소개할 때는 매우 신중하게 알려주거나, 언급하지 않는 편이 좋을 때도 있습니다.

영화 리뷰는 최근 들어 많은 사랑을 받는 콘텐츠입니다. 주로 10~20분 길이로 '영화의 줄거리'를 소개합니다. 영화의 주요 스토리를 짧은 시간에 제공하기 때문에 전체 시청을 부담스러워하는 시청자의 니즈를 충족시켜주고 있습니다. 영화 리뷰 콘텐츠를 제작할 때는 저작권에 주의해야 합니다. 영화 리뷰 자체가 본질적으로 저작권 이슈가 있기 때문입니다. 실제로 저작권 이슈로 영상과 채널이 삭제되는 경우도 있습니다. 삭제까지는 아니더라도 조회수와 상관없이 광고 수익이 발생하지 않는 채널도 많습니다. 하지만 최근에는 영화 홍보를 위해 배급사에서 직접 영화 리뷰를 요청하는 사례도 늘어나고 있습니다.

마지막으로 음식 리뷰는 다양한 음식을 평가하는 콘텐츠입니다. 식당에 직접 찾아가서 시식도 하고, 스튜디오에서 음식을 먹으며 리뷰하기도 합니다. 음식 리뷰의 경우 먹방 유튜버처럼 많은 양의 음식을 먹지는 않지만, 맛있게 먹으면서 음식에 대한 조리법, 구성, 맛 등을 구체적으로 소개합니다. 시청자의 시선을 끌기 위해 음식을 노래로 표현하거나, 음식과 어울리는 코스프레를 하는 크리에이터들도 있습니다. 음식의 경우 개인적인 취향이 다르기 때문에 단점을 지나치게 언급하는 것은 바람직하지 않습니다.

키즈 콘텐츠

키즈 콘텐츠는 주로 장난감을 리뷰하거나 아이들이 좋아하는 주제를 재미있게 연출하는 분야입니다. 2019년 국내 인기 키즈 유튜버 가족이 빌딩을 매입했다는 보도에 한때 키즈 유튜버에 대한 관심이 폭발한 석이 있습니다. 하지만 동시에 채널을 향한 악성 댓글, 아동 학대 등의 기사가 쏟아졌고 키즈 유튜버에 대한 우려의 시각 역시 커졌습니다. 미국에서도 '아동 온라인 개인 정보 보호법' 준수를 위해 유튜브와 관련하여 아동 보호에 대한 우려가 제기되었고 키즈 콘텐츠에 등장하는 아동을 보호하기 위한 다방면적인 논의가 있었습니다.

유튜브 키즈 채널

그 결과 유아동을 위한 '유튜브 키즈'가 생겼고, 키즈 콘텐츠는 '유튜브 키즈'로 분리되었습니다. '유튜브 키즈'는 어린이 전용 유튜브 플랫폼으로, 조작이 단순하고 시청 시간이 길어지면 보호자 확인을 필요로 합니다. 유튜브 키즈 채널은 대부분의 광고가 불가능합니다. 타깃 없는 광고 또는 영상 관련 광고는 가능하지만, 수익이 매우 낮은 편입니다. 그렇다고 키즈 콘텐츠로 수익을 낼 수 없는 것은 아닙니다. 영상 광고 수익은 거의 없지만 장난감 리뷰나 상품 노출을 통해 별도의 협찬 수익이 발생하기 때문입니다.

예능 콘텐츠

예능 콘텐츠는 연기, 몰래 카메라, 체험 등 TV를 통해 이미 우리에게 익숙한 예능 영상을 연출하는 분야입니다. 다른 콘텐츠보다 전문 제작팀(PD, 작가 등)이 합류하는 경우가 많습니다. 그렇다 보니 유튜브 콘텐츠 중 가장 양질의 영상을 제공하는 분야이기도 합니다. 최근에는 전문 개그맨들이 운영하는 채널이 늘어나면서 TV 프로그램보다 더 많은 화제성을 보이고 있습니다. 특히 짧은 영상이 많아 간단하게 콘텐츠를 소비하기에 좋습니다.

하지만 영상의 퀄리티가 좋은 만큼 예능 콘텐츠는 진입이 쉽지 않은 편입니다. 전문적인 기획, 촬영, 편집 인력이 필요하고, 재미있는 포인트를 찾아내기 위해 생각보다 많은 양의 촬영을 해야 합니다. 또한 지속해서 새로운 예능 소재를 찾아야 하고, 2명 이상의 출연자가 필요한 점도 예능 콘텐츠 제작을 어렵게 하는 요소입니다.

교육 콘텐츠

피아노를 배우는 유튜브 강의(1458music 채널)

본인의 지식을 활용한 교육 채널입니다. 지식을 전달하는 강의 영상이기 때문에 다른 콘텐츠에 비해 시청 지속 시간이 상당히 긴 편입니다. 하지만 영상을 1.5배속이나 2배속으로 시청하는 경우도 많아 아이러니하게 영상의 러닝 타임보다 시청 지속 시간이 줄어들기도 합니다.(10분짜리 영상을 2배속으로 시청하면 시청 지속 시간은 10분이 아닌 5분이 됩니다.) 유튜브에서 시청 지속 시간은 채널의 노출을 결정하는 중요한 요소이기 때문에 영상 중간에 재미있는 포인트를 넣거나 속도감 있는 편집을 통해 영상을 배속으로 시청하지 않도록 유도하는 것이 좋습니다.

최근에는 한류를 활용한 한국어 교육 콘텐츠가 전 세계 시청자에게 사랑을 받고 있습니다. 그 밖에 수학, 영어, 국사, 음악 등 교과 관련 콘텐츠부터 부동산, 운전 등 실생활과 관련된 교육 콘텐츠도 늘어나고 있습니다.

동물 콘텐츠

'랜선 집사'라는 말을 들어보셨나요? 직접 동물을 키우지는 않지만, 유튜브로 동물 콘텐츠를 감상하며 직접 키우는 듯한 감정을 느끼는 사람을 말합니다. 동물 콘텐츠 채널은 동물을 키우고 싶지만, 상황이 여의치 않은 시청자나 반려동물에 대한 정보를 얻고 싶은 시청자 등을 주요 타깃으로 합니다. 대부분의 동물 유튜버는 자신의 반려동물을 정말 사랑하고 아끼는 모습을 보여주지만, 가끔 과한 연출이나 위험한 설정의 영상들이 논란을 만들기도 합니다. 크리에이터의 주관대로 연출하기가 쉽지 않은 분야이기 때문에 각별한 준비가 필요합니다.

요리 콘텐츠

요리를 못하는 시청자나 맛있는 요리법을 알고 싶은 시청자에게 많은 사랑을 받는 분야입니다. 특히 한류의 인기가 높아지면서 한식을 만드는 유튜버에 대한 관심도 높아지고 있습니다. 글로벌한 구독자층을 얻을 수 있는 카테고리입니다.

운동 콘텐츠

팬데믹을 계기로 일명 '홈트 족'이라고 불리는 전문 운동 시설에 가지 않고 집에서 운동하는 사람이 많아지고 있습니다. 이에 따라 자연스럽게 운동을 알려주는 콘텐츠가 늘어났습니다. 다이어트에 도움이 되는 운동부터 콤플렉

스를 극복하는 운동, 건강을 위한 운동, 층간 소음 없는 운동 등 시청자의 니즈를 만족시키는 다양한 운동 콘텐츠가 나오고 있습니다. 운동 콘텐츠의 경우 동일한 시청자가 같은 영상을 반복 시청하는 특징이 있습니다.

덕후 콘텐츠

본인이 좋아하는 상품, 캐릭터, 연예인 등 분야를 막론하고 특정 주제에 대한 영상만 제작하여 업로드하는 채널입니다. 시청자층이 넓지는 않지만, 비슷한 성향을 가진 충성도 높은 팬층을 확보할 수 있습니다. 무엇보다 영상을 제작하는 '나'의 만족도가 큰 분야입니다.

패션 콘텐츠

'오늘 뭐 입지?'에 대한 고민을 해결해 주는 콘텐츠입니다. 패션 전문가가 채널을 운영하기도 하고, 전문가가 아니더라도 패션에 관심이 많은 누구나 콘텐츠를 제작할 수 있습니다. '결혼식 복장', '회사 야유회 옷', '상견례 의상 추천' 등 시청자가 궁금해하는 주제부터 특정 브랜드 의상과 소품을 소개하는 영상 등 다양한 콘셉트로 꾸준한 팬층을 확보할 수 있는 분야입니다.

박성배 교수

"유튜브 마케팅, 용어를 이해하면 어렵지 않습니다. "

4교시
유튜브 마케팅 필수 용어

1. 유튜브 마케팅 필수 용어

메타데이터, 후속 반응

공유, 시청 지속 시간

노출 클릭률, 시의성

유튜브 채널을 잘 운영하려면 영상 업로드 후, 반드시 시청자의 반응을 분석해야 합니다. 그래야 다음 영상에 대한 기획과 채널 운영 방향 등을 올바르게 결정할 수 있습니다.

메타데이터

'메타데이터'란 콘텐츠의 정보를 담고 있는 제목, 설명, 태그 등을 말합니다. 유튜브 시청자는 본인에게 필요한 콘텐츠를 찾기 위해 관련 키워드를 검색합니다. 이때 유튜브는 크리에이터가 등록한 영상의 제목, 설명, 태그 등 메타데이터를 기반으로 시청자에게 보여줄 영상을 결정합니다. 당연히 많은 시청자가 보았거나, 반응이 좋았던 콘텐츠가 상위로 노출되기 때문에 메타데이터와 관련된 부분은 신중하게 등록해야 합니다. 더 자세한 내용은 Part03를 참고하기 바랍니다.

후속 반응

'후속 반응'이란 시청자가 영상을 보고 댓글이나 좋아요 혹은 댓글에 좋아요를 누르는 등의 반응을 말합니다. 댓글과 좋아요가 많은 영상은 상대적으로 더 많이 노출될 수 있습니다. TV와 유튜브의 가장 큰 차이점은 소통입니다. 시청자가 댓글을 남길 경우 크리에이터는 댓글에 답글을 달거나 좋아요를 눌러 시청자와 적극적으로 소통해야 합니다.

공유

유튜브에서 영상이 노출되는 여러 요소 중, 최근 들어 '공유'의 비중이 높아졌습니다. 여러분의 영상이 페이스북, 카카오톡 같은 유튜브가 아닌 플랫폼에 노출되면 유튜브는 이 영상을 좋은 콘텐츠라고 판단하기 때문에, 영상노출 가능성이 높아집니다.

시청 지속 시간

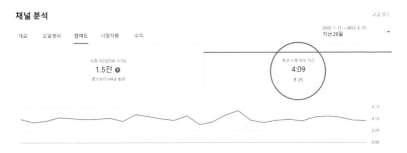

한동안 조회 수가 높은 영상이 상위 노출이 잘 되었습니다. 그래서 일부 크리에이터들이 조회 수를 높이기 위해 자극적인 썸네일(영상의 대표 이미지)을 사용하거나 제목과 영상의 내용이 전혀 일치하지 않는 콘텐츠를 업로드하는

등의 문제가 발생하기 시작했습니다. 유튜브는 이런 문제를 개선하기 위해서 '시청 지속 시간'을 영상 노출의 중요한 핵심 요소로 반영하게 됩니다. '시청 지속 시간'이란 시청자가 영상을 클릭한 후 얼마나 오랫동안 시청했는지를 나타내는 지표입니다. 영상의 길이에 따라 차이가 있지만 보통 8분짜리 영상을 기준으로 시청 지속 시간이 45% 이상이면, 해당 영상은 높은 조회 수를 기록할 수 있는 확률이 높아집니다.

노출 클릭률

'노출 클릭률'이란 영상이 유튜브에 노출되었을 때, 시청자가 클릭한 비율을 뜻합니다. 노출 클릭률이 높을수록 유튜브 내 영상 노출 확률이 높아집니다. 노출 클릭률을 높이는 확실한 방법은 좋은 썸네일과 제목입니다. 썸네일과 제목을 효율적으로 만드는 방법은 Part03에서 자세히 다룹니다. 보통 노출 클릭률이 10% 이상 나오면 비교적 조회 수가 높은 영상이 될 수 있습니다.

시의성

시의성이란 최근 이슈가 되는 소식이나 정보를 뜻합니다. 만약 노출 클릭률과 시청 지속 시간이 낮았는데 조회 수가 높게 나온다면 해당 영상은 마케팅적으로 시의성이 맞아떨어진 영상으로 볼 수 있습니다. 예를 들어, 인기 아이돌 가수가 신곡을 발표했을 때, 재빠르게 커버나 리액션 영상을 올리면 조회 수가 잘 나올 확률이 높아집니다.

"채널의 특징과 나의 상황에 맞는 장비를 고르세요."

박성배 교수

5교시
천차만별 유튜브 장비

1. 천차만별 유튜브 장비

촬영 장비

편집 프로그램

디자인 툴

마이크

조명

1. 천차만별 유튜브 장비 ▶

　유튜브를 시작할 때는 스마트폰 하나만 있어도, 어쩌면 노트북 화면 녹화 기능만 있어도 장비가 충분할 수 있습니다. 그런데도 다양한 장비와 프로그램을 소개하는 이유는 이 부분에 대한 질문이 아주 많기 때문입니다. 장비는 시간이 지나면 새로운 버전이 많이 나오기 때문에 지면이 아닌 아래 QR코드를 통해 소개하면서 정기적으로 업데이트를 하겠습니다.

　소개하는 장비와 프로그램은 많은 분께 익숙하고 잘 알려진 제품입니다. 실제로 장비를 구입할 때는 내 채널의 카테고리와 특성을 고려하여 더 다양한 정보를 바탕으로 결정하기 바랍니다.

에피소드 01

십만 구독자도 광고 신청 안 하면 수익이 0원?!

박성배 교수

대부분의 초보 유튜버들은 채널의 수익이 발생하는 '구독자 1,000명'과 누적 시청 '4,000시간'을 채널 운영의 1차 목표로 설정합니다. 한 가지 주의할 점은 채널 수익 조건을 충족했다고 해서 바로 내 통장에 광고 수익이 정산되지 않는다는 것입니다. 유튜브로부터 수익을 받기 위해서는 일정한 절차가 필요합니다. 수익 창출 조건을 충족했다면 어떻게 수익을 받을 수 있는지 관련 절차를 확인해 보겠습니다.(유튜브 정책에 따라 해당 내용은 일부 변경될 수 있습니다.)

1. 메뉴 카테고리에서 수익 창출 클릭 후 '지금 신청하기' 버튼을 누른다.

2. 총 3단계의 채널 수익 창출 단계를 거친다.
   · 1단계 : 파트너 프로그램 약관 검토
   · 2단계 : Google 애드센스 가입(승인과 연결까지 최대 며칠 소요)
   · 3단계 : Youtube의 검토 기간(보통 한 달 내 완료)

2단계 과정에서 '주소 입력란'이 있는데, 반드시 정확한 거주지 주소를 입력해야 한다. 추후 수익을 정산 받을 계좌 등록에 '핀번호'가 필요한데, 이 번호가 우편을 통해 전달되기 때문이다. 또한 이 과정에서 세금과 관련된 조항에 동의해야 한다. 미국 조세법에 따라 원천징수세율은 30%이며, 사업자등록증을 발급받거나 보유 중이라면 세율을 조정할 수 있으니 자세히 읽어보고 선택하자.

3. 세금 정보 승인 완료 메일 수령 후, 3단게 검토 심시를 기다린다.

4. 3단계 심사가 완료되면, '수익 창출' 카테고리에 처음 보였던 1~3단계는 사라지고 화면 상단에 '동영상으로 수익 창출'이라는 안내가 보인다.

5. 수익 창출 환경설정에서 '지금 모든 동영상으로 수익 창출'을 선택하면 콘텐츠에 광고가 노출되기 시작한다. 이때, 광고 유형과 관련된 내용은 우리 책 '동영상 업로드 기초'에서 확인할 수 있다.

6. 5번째 단계를 거치면 내 채널에 광고가 적용되고 광고 수익이 발생한다. 단, 발생한 수익을 정산 받기 위해서는 '핀번호'가 적힌 우편을 수령하여 계좌를 등록해야 한다는 사실을 꼭 기억하자!

PART 02
생각이 필요한 당신에게

유튜브,
기획이 성패를 가릅니다.

#콘텐츠기획 #브랜딩

"크리에이터의 관점으로 유튜브를 읽어 봅시다."

강민형 교수

1교시
기획자 마인드로 유튜브 읽기

1. 크리에이터가 유튜브를 읽는 이유

2. 유튜브를 볼 때 어떤 것을 읽어야 할까요?

3. 유튜브 읽기 예시와 실습

1. 크리에이터가 유튜브를 읽는 이유 ▶

크리에이터는 유튜브를 보지 않고 읽습니다

유튜브 채널을 전문적으로 운영하는 크리에이터들은 하루에 몇 시간 정도 영상을 볼까요? 30~100만 채널의 크리에이터들과 인터뷰를 하면서 알게 된 사실은 매우 놀랍습니다. 상황에 따라 조금씩 다르겠지만, 그들은 적어도 3~4시간, 많게는 7~8시간 유튜브를 시청하고 있었거든요. 수업 시간에 이런 이야기를 하면 학생분들은 온종일 유튜브를 끌어안고 사는 모습을 떠올리지만, 좋은 결과를 만들어 내는 크리에이터들은 콘텐츠를 그저 보고만 있지 않습니다. 그들은 유튜브를 보며 영상을 읽어 냅니다. 여기서 영상을 '읽는다'는 것은 다른 크리에이터의 콘텐츠에서 새로운 아이디어를 얻거나 센스 있는 편집 기법 등을 파악하는 것을 말합니다.

그렇다면 '어떻게' 영상을 읽는 걸까요? 전문 크리에이터의 이야기를 들어

보면 주로 '소재, 촬영, 편집'에 초점을 맞추는 경우가 많습니다. 아는 만큼 보인다고 다른 영상을 보며 새로운 촬영과 편집 스타일을 잘 잡아냅니다. 하지만 이런 관점은 어느 정도 콘텐츠를 제작한 경험이 있고, 앞으로 더 발전시킬 요소가 '소재, 촬영, 편집' 밖에 없는 베테랑들에게 해당됩니다. 이제 시작하는 예비 크리에이터나 크리에이터를 컨설팅하는 전문가의 경우, 훨씬 더 많은 것을 두루 살펴야 합니다.

제가 운영하는 '유튜브랩'에서는 통상 30~50여 개의 기준으로 콘텐츠를 분석하고 있습니다. 그중에서 모든 채널에 다 적용할 만한 가장 핵심 내용을 배워보겠습니다. 이번 수업을 통해 앞으로 유튜브를 볼 때 단순한 시청이 아닌 어떻게 콘텐츠를 '읽어야 하는지' 알게 될 것입니다.

콘텐츠 소재 읽기

인기 급상승 영상을 보면 비슷한 소재의 콘텐츠가 비슷한 시기에 올라오는 경우가 많습니다. 관련 영상이 피드에 계속 뜨기 때문에 '사람들이 이런 걸 많이 보고 있구나', '요즘 이게 유행이구나'를 단번에 알아차릴 수 있죠. 시의 적절한 업로드를 위해서는 유행하는 소재를 알았을 때 빠른 제작에 들어가야 합니다. 대부분의 크리에이터가 인기 급상승 영상을 눈여겨보는 이유가 여기에 있습니다.

하지만 한편으로 유행은 선도하는 자들의 것입니다. 크리에이터는 유행하는 소재를 콘텐츠로 제작하기도 하지만, 그보다 먼저 유행을 만들어 내기도 합니다. 유행을 만들어 가는 크리에이터는 인기가 예상되는 콘텐츠 소재를 다른 창작자보다 먼저 찾아야 하기 때문에, 훨씬 더 민첩하게 움직입니다. 인기 급상승 영상은 물론이고 화제의 드라마, 영화, 음반 등을 살펴보는 일을 게을리하지 않습니다.

최근에는 방송국과 엔터테인먼트 기업들이 공격적으로 유튜브를 활용하고 있어서 예전보다 쉽게 정보를 얻을 수 있습니다. 예를 들어 아이돌 뮤직비디오가 업로드되었다면 하루 사이 얼마나 많은 사람이 영상을 봤는지 확인하면서, 어떤 뮤직비디오를 패러디하고 커버 콘텐츠로 제작해야 하는지 판단할 수 있습니다. 흥행 조짐이 보이는 영화가 있다면, 주연 배우가 출연했던 작품을 소재로 콘텐츠를 제작할 수도 있습니다. 해외 MCN에서는 매달 인기 예상 키워드를 추출해서 콘텐츠별로 나눠 주기도 합니다. 저도 비슷하게 유튜브 영상을 시청하며 '저만의 인기 키워드'를 꼽아보는 시간을 갖습니다. 다양한 크리에이터들에게 도움을 주려면 여러 분야의 인기 키워드를 많이 이해해야 하니까요.

내가 보는 영상들이 진짜 '인기 있을 만한' 콘텐츠 소재가 맞는지 확인하기 위해서는 약간의 노력이 필요합니다. 자주 보는 주제를 중심으로 영상을 추천하는 유튜브의 특성상, 나에게만 붐이 일어난 '나만의 인기 소재'일 수 있기 때문입니다. 한때는 이런 문제를 피하기 위해 유튜브 기록을 저장하지 않는 방법을 썼지만, 요즘은 점점 개인화된 알고리즘 때문에 큰 효과가 없습니다. 그래서 제가 추천하는 방법은 시청할 때마다 발견한 소재를 나열하고, 해마다 발간되는 트렌드 서적에서 겹치는 내용을 따로 정리하는 것입니다. 요즘은 트렌드 서적들이 분야별로 30권 이상 나오기 때문에 필요한 정보를 알맞게 구할 수 있습니다. 제가 운영 중인 채널 '유튜브랩'의 경우 전반적인 소재를 모두 다뤄야 하기 때문에 매년 10월부터 긴장을 하고 서점에 간답니다.

밈(meme) 읽기

밈(meme)은 '인터넷에서 유행하는 코드' 정도로 이해할 수 있습니다. 유행하는 단어, 문장, 그림, 이미지, 영상 등을 통칭하는 말입니다. 인터넷이 만든 새로운 방식의 문화 전파 현상으로 볼 수 있습니다. 밈을 읽을 때는 '어떤 밈을 어떤 콘텐츠에 활용했는가'를 중심으로 보는 것이 중요합니다. 밈을 잘 사용하면 시청자와 친근감이 생기고, 영상이 재치 있다는 인상을 줄 수 있습니다. 하지만 밈은 시기를 많이 타기 때문에 자칫 잘못 사용하면 시대에 뒤떨어진 인상을 줍니다. 지금 당장은 재밌지만, 길게 보면 콘텐츠의 소비 기한을 줄일 수도 있습니다. 그래서 무작정 많이 쓰기보다는 적절하게 사용하는 것이 중요합니다.

밈을 사용할 때는 재미만을 기준으로 삼아서는 안 됩니다. '밈의 출처'와 '원래의 의미'를 파악하는 것이 매우 중요합니다. 의도하지 않게 특정 대상을 조롱하는 밈을 사용할 수 있기 때문입니다. 물론 인터넷이라는 공간의 특성상 밈의 '원래 의미'가 시간이 지나면서 희석되기도 하지만, 신중하게 사용하는 것이 좋습니다. 실제로 시청자의 지적으로 밈의 부정적인 의미를 알아차리는 경우가 많습니다. 크리에이터, 자막 편집자 등이 밈을 민감하게 확인해야 하는 이유입니다.

촬영 방법 읽기

콘텐츠 소재나 밈을 읽을 때는 다양한 장르의 콘텐츠를 두루 섭렵하는 게 좋지만, 촬영과 편집의 경우 자신의 채널과 비슷한 장르를 참고하는 것이 좋습니다. 유튜브 콘텐츠가 다양해지면서 장르에 따라 촬영 방법과 장비, 구도 등이 발전했기 때문입니다. 1세대 유튜버들은 보통 웹캠과 스마트폰 혹은 DSLR로 콘텐츠를 촬영했습니다. 물론 세 가지 모두 지금도 활발하게 사용하는 카메라입니다. 하지만 최근에는 촬영 장비가 훨씬 다양해졌습니다. 그래서 어떤 장비를 사용했는가, 왜 그 장비를 사용했는가를 확인해 보는 노력이 필요합니다. 예를 들어 스포츠나 여행 크리에이터는 손 떨림 방지나 짐벌 기능이 있는 장비를 주로 사용합니다. 신제품이 나올 때마다 품평회가 열리기도 하고, 서로의 콘텐츠를 보면서 촬영 장비로 표현할 수 있는 화면을 확인하기도 합니다.

화면 비율도 중요합니다. 한때는 화면 위아래로 검은색 띠만 두르면 영화 느낌이 난다고 생각했지만, 영상이 대중화되면서 시청자들 또한 비율에 민감해졌습니다. 예를 들어 인물에 몰입하거나, 무엇인가를 강조하거나, 높은 건물같이 키가 큰 피사체 중심의 콘텐츠는 1.85:1 비율이 좋습니다. 광활하게 펼쳐지는 대자연의 풍경을 담는다면 1.85:1보다는 2.35:1 비율이 유리합니다. 모든 시청자가 이 내용을 논리적으로 이해한다기보다, 영상을 많이 보면서 자연스럽게 '그게 더 좋다'고 느끼게 되었을 겁니다. 시청자는 화면 비율에 따라 '뭔가 어색하다' 혹은 '뭔지 모르지만, 영상이 괜찮다'는 느낌을 받기 때문에 콘텐츠 소재나 장르에 맞춰 화면 비율을 잘 읽어야 합니다.

그 외에도 '구도는 어떤지?', '앵글은 어떤지?', '고정 샷과 그렇지 않은 샷의 차이는 무엇인지?' 등도 빼먹지 말아야 할 포인트입니다. 책을 제대로 읽기 위해서는 행간의 숨은 뜻을 알아야 하듯이, 콘텐츠를 읽을 때는 영상의 숨은 뜻을 찾아야 합니다. 촬영 기법을 점검하는 것에 그치지 말고 '제작자는 왜 이런 기법을 활용했을까?'를 곰곰이 생각해 보고, 궁극적으로 '내 영상에서 응용할 수 있을까?'까지 나아가야 합니다. 여기에 배경, 소품, 의상 등을 추가로 살피기도 하는데요, 이 부분은 퍼스널 브랜딩에서 자세히 알아보겠습니다.

편집 스타일 읽기

촬영만큼이나 크리에이터의 큰 관심사는 편집 스타일입니다. 물론 애초에 재미없는 영상을 편집만으로 재미있게 만드는 것은 매우 힘든 일입니다. 그래서 영상을 제작할 때는 기획, 촬영, 편집에 되도록 비슷한 비중을 주어야 합니다. 하지만 확실히 편집을 잘하면 재미가 덜한 영상도 재밌어질 수 있고, 멋진 영상이 나오는 데 큰 힘을 발휘합니다. 주의할 점은 편집이 잘 된 영상일수록 편집 스타일을 읽어내기가 쉽지 않다는 것입니다. 영상의 흐름이 매우 자연스러워서 신경 써서 읽지 않으면 영상 자체의 재미에만 시선을 빼앗기게 되죠. 일부러 연결이 튀게 하는 점프 컷 같은 경우가 아니라면 알아차리기 힘들기 때문에 더욱 유심히 영상을 읽어야 합니다. 그래서 편집 스타일이 좋은 영상은 한 번에 그치지 말고 수차례 반복해서 보는 것을 추천합니다.

편집 스타일은 유행에 민감한 편입니다. 그래서 빠르게 변합니다. 한때는 미국이나 일본의 유명 크리에이터 편집 스타일을 따라 하는 경우도 있었습니다. 'OOO 유튜버 스타일'을 표절로 볼 것인가, 장르의 특성으로 볼 것인가를 두고 시청자의 갑론을박이 있기도 했습니다. 모방은 창작의 어머니라고 하지만 기획이든, 촬영이든, 편집을 그대로 베끼는 것은 크리에이터의 일이라고 보기 어렵습니다. 크리에이터는 모방이 아닌 참조와 응용의 범위로 영상을 참고해야 합니다.

내 채널과 다른 장르의 편집도 눈여겨봐야 합니다. 예능, 게임, 리뷰 같은 장르에 주로 쓰였던 '짧고 많은 컷의 삽입, 눈에 띄는 점프 컷 편집, 한눈에 알아볼 수 있는 화면 전환, 다양한 포인트 자막과 그에 상응하는 효과음'은 이제 다른 장르에서도 흔하게 볼 수 있는 편집 스타일이 되었습니다. 유튜브를 이용하는 연령대와 취향이 점점 세분화되고 있기 때문에 시청자의 마음을 사로잡기 위해서는 장르에 구애받지 않고 다양한 편집 스타일을 공부해야 합니다.

채널 소통 방식 읽기

콘텐츠를 읽는다고 하면 영상만 참고하는 경우가 대부분입니다. 하지만 크리에이터는 일방적으로 자신의 영상만 보여주는 존재가 아닙니다. 시청자와의 소통 또한 신경 써야 합니다. 그래서 마지막으로 추천하는 콘텐츠 읽기는 채널의 소통 방식입니다.

유튜브에서 시청자와 소통하는 방법은 ① 영상과 댓글, ② 실시간 라이브 방송과 채팅, ③ 커뮤니티 게시판입니다. 이 3가지 영역에서 크리에이터가 시청자의 긍정적·부정적 피드백에 어떻게 반응하는지 살펴보아야 합니다. 하트를 눌러주는지, 답글을 다는지, 답글을 단다면 어떻게 다는지, 영상에서 시청자 반응을 어떻게 다루는지 보면 전반적인 채널 운영 방식과 소통 스타일을 짐작할 수 있습니다.

시청자는 자신의 의견을 '좋아요'와 '싫어요'를 통해 간단하게 피력하기도 하지만, 보다 정확한 피드백은 댓글에서 발견할 수 있습니다. 댓글의 여론에 따라 크리에이터의 영상이 달라지기도 합니다. 그런데 영상과 댓글은 시간 차이가 있습니다. 영상 제작과 업로드 시점의 차이도 있고, 업로드 시점과 댓글을 다는 시간 차이도 있습니다. 영상이 업로드되었을 때 바로 댓글을 다는 경우도 있지만, 많은 시청자는 영상을 보고 댓글을 달기 때문에 크리에이터와의 시간 차이는 더욱 벌어집니다. 그래서 시간이 지나면서 영상에 대한 대중의 여론이 달라지기도 합니다. 여론이 달라지면 크리에이터의 소통 방식인 영상도 다르게 펼쳐집니다. 댓글을 볼 때 한 가지 주의해야 할 점은 영상과 댓글은 정제된 소통 방식이라는 사실입니다. 영상의 경우 편집의 기회가 있고, 악플러를 제외하면 댓글 역시 정제가 가능하기 때문입니다. 그래서 크리에이터의 소통 방식을 확실하게 확인하고 싶을 때는 라이브 방송을 참고해야 합니다. 라이브 방송에서는 시청자를 대하는 크리에이터의 자세가 고스란히 드러납니다. 라이브 방송의 채팅을 보면 시청자가 크리에이터를 어떻게 생각하는지도 여과 없이 볼 수 있습니다. 즉각적이고 솔직한 발언들이 오고 가기 때문입니다.

커뮤니티는 영상, 이미지, 글을 올릴 수 있어서 SNS처럼 활용할 수 있습니다. 친근하게 이야기할 수 있는 공간이지만, 우리나라에서는 아직까지 공지의 개념으로 글을 올리는 경우가 대부분입니다. 유튜브 스타의 경우 인스타그램이나 네이버 카페같이 시청자와 소통하는 다른 창구를 사용하는 경우가 많기 때문입니다. 그래서 크리에이터가 공식적인 내용을 시청자에게 공지할 때 커뮤니티를 주로 사용합니다. 이때도 글의 문체나 사용하는 이미지 등을 참고하는 것이 좋습니다.

유튜브를 읽는 방법에 대해 알아봤으니 이번에는 영상 읽기 실습을 해보겠습니다. 앞에서 말씀드린 기준으로 콘텐츠를 읽어봅시다. 아직도 콘텐츠를 읽는 것이 어렵게 느껴진다면, 영상에 대해 크리에이터와 대화한다고 가정해 보기 바랍니다. 실제로 크리에이터와 대화를 하는 것은 아니지만, 좀 더 쉽게 콘텐츠를 읽을 수 있을 겁니다. 내 생각과 크리에이터의 답변이 다를 수 있다는 걱정은 하지 말기 바랍니다. 공개된 곳에서 '그 크리에이터는 이렇게 영상을 만들었을 것이다'라고 주장하는 일이라면 좀 더 신중해야겠지만, 우리는 '해석하는 힘'을 기르기 위해 이 방법을 사용하는 것입니다.

먼저 책에 적혀있는 URL이나 QR 코드에 접속해서 영상을 보기 바랍니다. 영상을 본 후 다양한 영상 읽기 요소를 먼저 파악해 보고, 제가 읽어낸 내용을 확인하면 실습 효과가 더 좋을 것입니다.

1. 유튜브 읽기, 첫 번째 예시

채널 : 유튜브랩 2.0 Youtubelab ver 2.0

읽을 영상 : https://youtu.be/oJyaSAPMqLI

① 영상 제목은?

"여러 카메라로 동시에 촬영한 영상을 편집하는 방법! 프리미어 프로 멀티 캠 편집! 유튜브랩"

② 콘텐츠 소재는 무엇인가? : 프리미어 프로 CC 멀티 캠 편집

유튜브를 시작하는 사람이 늘어나면서 인터뷰 콘텐츠나 혼자서 영상을 제작하는 경우가 많아졌다. 이런 영상을 만들 때 다양한 구도와 앵글을 찍을 수 있는 멀티 캠을 사용하는 경우가 늘고 있어서, 멀티 캠 편집에 대한 수요가 있을 것으로 예상하고 해당 소재를 고른 것으로 보인다.

③ 기획 의도는 무엇일까?

크리에이터가 멀티 캠 영상을 쉽게 편집할 수 있도록, 가장 많이 사용하는 편집 프로그램인 프리미어 프로 CC를 이용한 멀티 캠 편집 방법을 알려준다.

④ 활용하는 인터넷 밈이 있는가?

교육 채널이기 때문에 특별히 사용한 밈은 없다. 주된 시청자 층이 젊은 층이라면 인터넷 밈을 사용하는 것도 좋아 보이지만, 해당 장르의 특성상 검색을 통해 시청이 유입되기 때문에 일부러 밈을 사용하지 않은 것 같다.

⑤ 어떤 촬영 방법을 사용하는가?

　영상 속에 비친 장비를 확인해 보면, 정면을 찍은 카메라는 Sony A7C, 측면을 촬영한 카메라는 Sony A7M3이다. 화면 비율은 일반적인 16:9를 사용했다. 콘텐츠를 설명하기 위해 정면과 측면을 촬영했고 스탠더드 앵글을 사용했다. 안정적인 촬영을 위해 카메라는 고정되어 있고, 밝은 나무 톤의 방음 배경으로 차분한 분위기를 연출하였다. 편집과 장비에 대한 콘텐츠이기 때문에 정비공을 연상시키는 점프 수트를 입은 것으로 보인다. 정면 바스트 샷이 주를 이룬다. 편집 화면만 보여주는 것이 아니라 시작과 마지막 정리 화면에서 강사 역할의 크리에이터가 등장해서 신뢰감을 준다. 편집 예시로 활용한 영상 속에서도 강사를 등장시켜 친근감을 주려는 것 같다.

⑥ 어떤 편집 스타일을 사용하고 있나?

　교육 콘텐츠이지만 잔잔하게 배경 음악을 넣어 지루함을 덜어내는 편집을 하고 있다. 효과음을 적절하게 사용해서 중요한 부분에 집중하게 만들었다. 교육 내용을 잘 따라올 수 있도록 대부분의 강의 내용을 자막 처리했고 포인트 부분에는 큼직한 자막을 넣는 것도 잊지 않았다. 화면을 캡처한 영상과 내레이션의 매칭이 정확하게 들어맞는다. 편집 메뉴가 잘 보이지 않으면 부드럽게 메뉴를 확대하여 어느 위치의 버튼이나 메뉴를 눌러야 하는지 시청자들이 쉽게 알 수 있도록 노력한 흔적이 엿보인다.

⑦ 채널 소통 방식은 어떠한가?

　영상을 업로드하고 댓글에 하트를 눌러 읽었음을 보여주고 답글을 열심히 달고 있다. 보통 한 시간 이내로 댓글에 답을 다는 것을 알 수 있다.

■ 좋아하는 유튜브 채널을 골라 유튜브 읽기를 연습해보자!

채널명 :   읽을 영상 URL :

① 영상 제목은?

② 콘텐츠 소재는 무엇인가?

③ 기획의도는 무엇일까?

④ 활용하는 인터넷 밈이 있는가?

⑤ 어떤 촬영 방법을 사용하는가?

⑥ 어떤 편집 스타일을 사용하고 있나?

⑦ 채널 소통 방식은 어떠한가?

"퍼스널 브랜딩을 위한 가장 좋은 도구는 유튜브입니다. "

강민형 교수

2교시
채널 기획의 시작, 퍼스널 브랜딩

1. 구독자 수 보다 중요한 브랜딩

2. 꼭 확인해야 할 유튜브 속 브랜딩 요소

3. 유튜브 퍼스널 브랜딩의 이해

4. 당신의 유튜브 컬러는?

1. 구독자 수 보다 중요한 브랜딩

구독자 수보다 브랜딩이 중요합니다

학술지 '퍼스트 먼데이(First Monday)'에서 발표한 흥미로운 자료가 있습니다. 3,630만여 개의 유튜브 채널 구독자 수와 조회 수를 분석해 보니 구독자가 10만 명 이상인 채널은 0.4%였지만, 이 채널들이 유튜브 조회 수의 무려 62%를 차지하고 있었습니다. 구독자 100만 명 이상의 채널은 0.04%라고 하니, 얼마나 적은 수의 채널만이 높은 구독자와 조회 수를 확보하고 있는지 실감이 나네요. 발표 자료를 모르더라도 우리는 구독자 10만 명 이상의 채널로 성장하는 것이 얼마나 어려운 일인지 알고 있습니다. 어떻게 보면 그만큼 어려운 일을 해낸 크리에이터에게 많은 기회와 보상이 돌아가는 것은 당연한 이치입니다.

구독자가 많을수록 다양한 기회가 찾아오는 것은 확실합니다. 하지만 반드시 구독자가 많아야만 광고를 진행하거나 영향력 있는 채널이 되는 것은 아닙니다. 실제로 구독자 수와 별개로 원하는 목표를 달성할 수 있는 확실하고 효율적인 방법이 있습니다. 바로 채널의 '퍼스널 브랜딩'을 만드는 것입니다.

퍼스널 브랜딩이란 '특정 분야에서 특정한 사람을 떠올리는 과정'을 말합니다. 이를 위해 학위나 자격증을 따기도 하고, 책을 쓰거나 방송에 출연하기도 합니다. 다양한 채널과 인터뷰도 하고 직접 SNS를 운영하기도 하죠. 퍼스널 브랜딩을 위해서는 여러 가지 활동을 동시에 진행하는 경우가 많습니다.

퍼스널 브랜딩을 위한 방법 중 가장 효과적인 것을 추천하라면 저는 당연히 유튜브라고 말씀드리고 싶습니다. 최근 작가, 강사, 아나운서, 쇼호스트, 배우, 전문직 종사자, 스타트업 대표 등 직업의 특성상 퍼스널 브랜딩이 반드시 필요한 분들이 유튜브를 하는 이유도 여기에 있습니다. 실제로 유튜브 퍼스널 브랜딩 교육 과정을 진행하면, 위 분야에 종사하는 분들을 자주 만납니다. 유튜브를 잘 운영하면 퍼스널 브랜딩에 큰 도움이 되고, 동시에 퍼스널 브랜딩을 잘 구축하면 성공적으로 유튜브를 운영할 수 있습니다.

현재 채널을 운영 중인 독자라면 지금부터 소개하는 브랜딩 요소를 놓치지 않고 사용 중인지, 사용하고 있다면 각 요소마다 필요한 핵심을 잘 표현했는지 점검해 보기 바랍니다. 유튜브를 준비 중이거나 이제 막 시작한 경우라면 더 신중하게 고민해야 합니다. 내 채널을 잘 유지한다면 1~2년이 아니라 10년 후에도 유용할 수 있는 퍼스널 브랜딩의 초석을 만드는 일이니까요.

채널 브랜딩 요소를 고민하다 보면 마치 기업에서 브랜드를 만드는 것과 비슷한 느낌이 들 겁니다. 실제로 저는 '유튜브랩'이라는 이름을 만드는 데만 4개월 정도 고민의 시간을 가졌고, 첫 로고를 만들기 위해 수정에 수정을 거듭했습니다. 그리고 랩(lab)이라는 이름을 잘 드러내기 위해 실험 가운을 사러

Lab이라는 컨셉을 잘 전달하기 위한 가운 의상

대형 시장을 방문한 날도 생생히 기억합니다. 유튜브 채널 운영은 창업과 많이 닮아 있습니다. 이번 챕터에서는 '나'라는 기업을 운영하기 위해 퍼스널 브랜딩을 연구한다고 생각하면서 충분한 시간을 들이길 바랍니다. 지금 퍼스널 브랜딩을 고민하는 시간이 언젠가 채널이 유명해졌을 때 인터뷰 소재가 될 수 있다는 즐거운 상상을 하면서 말입니다.

2. 꼭 확인해야 할 유튜브 채널 속 브랜딩 요소 ▶

유튜브 퍼스널 브랜딩을 위해서는 유튜브에 존재하는 브랜딩 요소를 먼저 이해해야 합니다. 앞으로 살펴볼 모든 요소는 유튜브 스튜디오의 '맞춤 설정'이라는 메뉴에서 확인할 수 있습니다.

채널 이름

채널 브랜딩에서 가장 중요하다고 해도 과언이 아닌 것이 바로 채널 이름입니다. 그런데 의외로 많은 사람이 채널 이름을 굉장히 가볍게 생각하기도 하는데요, '진짜 이름도 아닌데, 뭘 그리 고민하냐'라는 것이지요. 하지만 채널 이름은 유튜브 공간에서 실제 내 이름보다 훨씬 많이 불리고, 진짜 이름만큼 큰 힘을 가지고 있습니다. 시청자는 여러분을 채널 이름으로 기억하니까요. 퍼스널 브랜딩을 위해서 채널 이름을 정할 때는 다음 5가지 요소를 고려해야 합니다.

첫째, 채널 이름을 내가 인정받고 싶은 분야와 관련짓는 것입니다. 제가 운영하는 '유튜브랩'은 채널 이름만 들어도 유튜브와 관련된 채널임을 알 수 있습니다. '무읽남(무서운 이야기 읽어주는 남자)' 역시 채널 이름만으로 콘텐츠를 유추할 수 있죠. 직업적인 부분을 강조하고 싶을 때는 '○○○ 작가', '○○○ 대표'처럼 채널 이름에 직함을 넣는 것도 좋은 방법입니다.

둘째, 채널 이름의 길이입니다. 너무 길면 기억하기 어렵고 헷갈리기 쉽습니다. 가장 추천하는 길이는 3~5자 이내지만, 최대 7글자까지는 괜찮습니다. '무읽남'처럼 금방 기억할 수 있게 줄임말을 쓰는 것도 좋은 방법입니다. 유명세가 약간이라도 있는 분이라면 '한문철 TV'처럼 성함 뒤에 TV를 붙이는 형태도 좋습니다.

셋째, 채널 이름의 발음입니다. 너무 어려운 발음은 기억하기도, 검색하기도, 다른 사람에게 소개하기도 어렵습니다. 그래서 채널 이름을 정할 때는 가능한 발음이 부드럽게 이어지도록 하는 것이 좋습니다.

넷째, 시청자를 고려한 이름인지 신중하게 검토해야 합니다. 대한민국을 대상으로 한다면 당연히 한글로 된 이름이 좋습니다. 채널을 영어로 검색하는 시청자는 적기 때문입니다. 우리가 유튜브를 'youtube'로 검색하지 않는 것처럼 말이죠. 물론 글로벌 시청자를 타깃으로 한다면 영어를 사용하는 것이 좋습니다. 만약 국내와 글로벌 둘 다 타깃이라면 한글과 영어를 함께 쓰는 것도 좋은 방법입니다.

다섯째, 기존 유튜브 채널의 존재 여부를 확인해야 합니다. 이미 존재하는 이름을 사용하면 퍼스널 브랜딩에 혼란을 초래할 수 있습니다. 유튜브랩의 '허피디'님의 경우도 원래 성은 '박'이지만 당시에 '박피디'라는 채널이 많았습니다. 그 중에는 유튜브 영상을 분석하는 '유튜브랩'과 비슷한 채널도 있었기 때문에

피디라는 이름 중 상대적으로 많이 사용하지 않는 '허피디'라는 이름을 짓게 되었습니다.

이처럼 채널 이름을 정할 때는 가능한 많은 후보를 두고 5가지 조건을 모두 만족하는 이름을 고르는 것이 좋습니다. 그렇다고 반드시 5가지 조건을 모두 충족해야 하는 것은 아닙니다. 예술 분야, 창의적인 분야에서는 추상적인 이름이 플러스 요인이 될 수 있습니다. 핵심은 더 좋은 채널 이름을 짓기 위해 나에게 필요한 부분을 적용하고 고민해 보는 것입니다.

채널 설명

채널 설명은 나는 누구이며, 어떤 이력이 있고, 무슨 콘텐츠를 올리는지 알리는 공간입니다. 채널 홈의 '정보'란에 있으며, 채널을 검색하면 프로필 사진 옆에 노출됩니다. 자신을 직접 소개할 수 있는 공간이며 연락 창구이기도 합니다. 보통 채널을 검색했을 때 2줄 정도가 나오기 때문에 가장 중요한 내용은 첫 2줄에 작성하는 것이 좋습니다. 채널 설명은 간략하고 핵심적인 내용만 적어도 좋고, 스토리텔링이 가미된 글도 좋습니다. 다만 너무 추상적이지 않고 자신이 확실하게 인식될 수 있는 내용이 좋습니다. 나를 표현하는 키워드를 3~5개 정도 뽑아 놓고 글을 쓰는 것도 좋은 방법입니다.

채널 설명 작성이 어렵다면, 실용 서적 표지를 참고해 보기 바랍니다. 책 소개를 어떻게 했는지, 작가 소개는 어떻게 했는지 읽어보면 보다 쉽게 채널 설명을 쓸 수 있습니다. 책 표지를 참고할 때는 비슷한 분야의 최근 베스트셀러를 중심으로 보길 바랍니다. 작가 소개도 시기에 따라, 콘텐츠에 따라 트렌드가 있기 때문입니다.

채널 설명 아래쪽에는 비즈니스 문의를 위한 이메일 주소를 표기할 수 있습니다. 그 아래 '링크'에는 운영하는 SNS나 블로그, 홈페이지 등을 연동시킬 수 있습니다. 이처럼 나를 찾을 수 있는 통로를 다양하게 열어 두면 기회도 그만큼 늘어날 수 있습니다. 유튜브 이외의 채널이 있다면 꼭 연동하는 것을 추천합니다.

프로필 사진(채널 아이콘)

유튜브랩의 프로필 사진

프로필 사진은 채널의 대표 이미지입니다. 유튜브 영상 왼쪽, 채널명 검색 화면, 그리고 댓글 왼쪽 등 유튜브를 보는 내내 어디서나 계속 노출됩니다. 많은 시청자에게 자주 노출되는 만큼 프로필 사진은 채널 이름을 이미지로 만들어 넣거나 로고를 사용하고, 크리에이터의 얼굴이 공개된 경우는 크리에이터 사진을 사용하는 편입니다.

효과적인 퍼스널 브랜딩을 위해서는 얼굴 사진을 클로즈업한 이미지가 좋습니다. 글씨나 그림보다 실제 얼굴을 노출했을 때 시청자에게 더 강렬한 인상을 주고, 그만큼 기억에 남기 때문입니다. 특히 유튜브 채널을 자신의 홍보수단으로 사용하는 경우, 더더욱 얼굴이 들어간 사진을 사용하는 것이 좋습니다. 그다음으로 효과적인 순서를 굳이 꼽자면 이름, 로고 순입니다. 로고를 먼저 추천하지 않는 이유는 로고가 기억에 남으려면 내 채널 이미지를 대표함과 동시에 다른 로고와 차별성도 있어야 되는데, 그런 로고를 만들기가 쉽지 않기 때문입니다. 그에 반해 채널 이름은 그 자체로 차별화 요소가 되기 때문에 시청자들이 기억하기 쉽습니다. 때로는 얼굴 사진보다 채널 이름을 큼지막하게 넣는 것이 더 효과적인 경우가 있습니다. 예를 들어, 채널의 메인 등장인물이 2인 이상이거나 인터뷰를 주로 하는 경우, 혹은 등장인물보다 콘텐츠가 더 중심이 되는 경우입니다. 운영 중인 채널의 특징을 잘 분석한 후 더 효과적인 프로필 사진을 선택하길 바랍니다.

프로필 사진에 얼굴 사진을 사용할 경우 주의 사항

1. 호감을 주는 웃는 표정으로, 선명한 사진 활용하기
2. 드러내고 싶은 이미지가 스타일링 된 자연스러운 사진 넣기
3. 영상 속에 자주 등장하는 의상이나 아이템이 있다면 프로필 사진으로 활용하기
4. 특정한 콘셉트가 아니라면 모자, 선글라스, 스카프 등은 가급적 피하기

배너 이미지

'채널 아트, 채널 배너'라고도 불리는 '배너 이미지'는 유튜브 채널 상단에 표시됩니다. 채널의 대문 같은 역할을 하는 것이죠. 배너 이미지의 경우 채널 이름이나 사진에 비해 노출이 적은 편이라 덜 주목하는 브랜딩 요소이기도 한데요, 그래서인지 그저 예쁜 이미지를 사용하거나 비워 두는 경우도 있습니다. 하지만 배너 이미지는 퍼스널 브랜딩에서 제 역할을 톡톡히 해내는 요소입니다. 채널의 성격, 콘텐츠의 내용, 업로드 주기, 연락처 등을 시각적으로 보여줄 수 있기 때문입니다.

배너 이미지는 시청자에게 내 채널의 내용을 예고처럼 알려주는 공간이기

유튜브랩 2.0 Youtubelab ver 2.0 ●

유튜브랩의 배너 이미지, '유튜브 연구소'라는 채널 슬로건을 볼 수 있다

도 합니다. 앞서 말씀드린 것처럼 대문 역할을 하기 때문에 디자인이 중요한 요소이지만, 사실 디자인보다 중요한 것이 바로 '채널 슬로건'입니다. 채널 슬로건이란 쉽게 말해 '내 채널을 정의하는 한마디'입니다. 채널의 고유한 정체성을 표현하는 문장이기 때문에, 배너 이미지가 시즌이나 이벤트 요소에 맞춰 계속해서 교체되더라도, 채널 슬로건은 쉽게 바꾸지 않습니다.

채널 슬로건을 한 마디로 작성하는 것이 어려운 경우, 전하고자 하는 분위기나 느낌을 먼저 정리해 보기 바랍니다. 브랜딩이 잘 되어 있는 채널은 시청자에게 비슷한 느낌을 줍니다. 이처럼 전달하고자 하는 분위기나 느낌을 단어로, 단어를 문장이나 사진으로 정리하다 보면 일관적이고 반복적인 요소가 보입니다. 이것을 잘 조합하면 여러분의 채널을 한 문장으로 설명하는 슬로건을 만들 수 있습니다. 참고로 제가 운영하는 〈유튜브랩〉은 '유튜브 연구소', '유튜브의 모든 것', '유튜버의 시작'이라는 3개의 슬로건을 중심으로 활동하고 있습니다. 각각 다른 문장이지만 비슷한 느낌이 들죠? 슬로건이 명확하다면 배너 이미지를 교체하더라도 슬로건은 바꾸지 말아야 합니다.

동영상 워터마크

동영상 워터마크는 플레이어 오른쪽 하단에 표시되는 브랜딩 요소입니다. 모바일 화면에는 나오지 않고 PC에서만 노출되며, 이 부분을 클릭하면 채널 구독으로 연결됩니다. 워터마크 노출은 동영상의 끝, 맞춤 시작 시간, 전체 동영상 재생 중 선택할 수 있습니다. 워터마크는 동영상을 보는 동안 지속적으로 노출되기 때문에 프로필 이미지나 구독 버튼을 사용하는 편입니다. 최근에는 동영상 워터마크 대신 영상 상단에 프로필 사진이나 로고 역할을 하는 이미지, 채널의 이름을 자막으로 삽입하기도 합니다. 동영상 워터마크처럼 구독으로 연결할 수는 없지만 PC, 모바일 어디서나 내 채널을 노출할 수 있기 때문입니다.

3. 유튜브 퍼스널 브랜딩의 이해 ▶

    개인 채널에 딱 맞는 유튜브 퍼스널 브랜딩을 위해서는 운영 목표, 콘텐츠 내용, 이미지 등을 세밀하게 다듬는 시간이 필요합니다. 이번에는 '크리에이터가 등장하는 영상'을 중심으로 브랜딩 요소를 점검해 보겠습니다.(캐릭터, 장르, 콘텐츠 등에 따라 달라지는 구체적인 내용은 제외했습니다.)

    시각적 요소

    미국의 사회심리학자 앨버트 메라비언은 사람의 이미지를 형성하는데 시각이 55%, 청각이 38%, 언어가 7%의 영향을 미친다고 이야기했습니다. 즉, 이미지 형성에 가장 큰 영향을 주는 것이 시각적 요소입니다. 여기서 많이 발생하는 오해가 바로 이 시각적 요소를 외모로만 생각하는 것인데요, 물론 아름다운 외모의 영향력을 부정하는 것은 아닙니다. 다만 '외모가 얼마나 매력적인가'보다 '내가 보여주고 싶은 이미지를 얼마나 잘 전달하느냐'가 퍼스널 브랜딩에서 가장 중요합니다. 그래서 퍼스널 브랜딩으로 구축하려는 이미지를 떠올리고 그에 맞는 약간의 연출이 필요합니다. 이때 완전히 새로운 모습을 만들기보다는 기존에 내가 갖고 있는 긍정적인 요소를 부각하는 것이 나도, 보는 사람도 모두 편안한 이미지라는 것을 기억해야 합니다. 내가 발랄한지, 차분한지, 친근한지, 날카로운 느낌인지 나의 캐릭터를 한번 떠올려 보세요. 그리고 그 모습에 어울리는 시각적 요소를 쌓아가는 것이 필요합니다.

자, 이제 자신을 설명하는 단어를 생각나는 대로 나열해 보세요. '부드럽다, 친절하다, 우아하다, 신중하다, 신랄하다, 귀엽다' 등 무엇이든 적어봅시다. 이렇게 하면 내가 가지고 있는 기본적인 이미지를 바탕으로 퍼스널 브랜딩을 만들 수 있습니다. 시청자는 영상 속의 시각적 자극을 찰나에 캐치합니다. 얼굴, 체형, 제스처, 의상, 배경, 소품 등에서 풍기는 이미지를 복합적으로 계산하여 '하나의 이미지'로 인식하는 거죠. 그럼 좀 더 구체적으로 이미지를 전달하는 방법을 알아보겠습니다.

1) 표정과 시선
· 호감도 상승을 위해 웃는 얼굴로 눈을 마주 보며(카메라를 보며) 말하기
· 카메라의 한곳만 응시하는 것보다 사람의 코, 입, 이마를 보듯 시선을 조금씩 옮기는 것이 자연스러움

2) 의상
· 전문성이나 정중함을 표현하고 싶을 때는 차분한 색상의 구김 없는 셔츠나 블라우스가 좋음
· 친근한 이미지를 원한다면 티셔츠나 후드처럼 편안한 옷차림이 좋음
· 시청자에게 편하게 다가가는 것은 좋지만 지나치게 흐트러진 모습은 지양

· 내 영상을 처음 보는 사람이 있다는 것을 항상 기억하기

3) 메이크업

· 조명이 있는 경우 물광 메이크업은 피하는 게 좋음. 기름져 보이거나 인상이 흐려질 수 있음

· 피부 표현은 가능한 매트하게 마무리하기

· 또렷한 인상을 위해 직선적인 느낌을 살리고 색감이 지나치지 않도록 주의하기

4) 헤어스타일

· 채널 콘셉트에 따라 무난한 것이 좋으나 때로는 파격적인 스타일도 권장

· 헤어 컬러가 독특할 경우 크리에이터로서 정체성 어필이 가능

· 시청자의 연령대가 높다면 앞머리 없는 것을 선호하는 경향이 있음

5) 제스처

· 몸을 앞쪽으로 기대면 적극적인 느낌을 주고, 의자 쪽으로 젖히면 편안하고 나른한 느낌을 줌

· 손바닥을 보여주면 진실한 사람처럼 보이고, 손을 숨기면 무언가 감춘 사람처럼 보일 수 있음

· 야외 촬영이나 움직임이 많은 경우 무의식중에 나오는 제스처 미리 살펴보기

· 제스처는 나라마다 의미가 다르기 때문에 특정 제스처 사용 전 조사는 필수

6) 배경

· 책장을 배경으로 하면 전문적인 느낌을 줄 수 있음

· 유튜브를 처음 시작한다면 배경보다 크리에이터에게 집중하도록 단색 배경을 권장

· 유튜브 트렌드에 맞춰 배경지의 종류와 가격대가 매우 다양해졌음

7) 소품

· 초보 유튜버의 경우 실패를 낮추는 소품을 추천

· 흰색, 밝은 나무색, 아이보리 등 색이 무난한 소품은 어디든 잘 어울려 실패 확률이 낮음

· 소품의 크기는 머그컵이나 텀블러 정도의 높이로 먼저 시도하기

· 테이블 위에 올리는 작은 사이즈의 조명도 부담 없는 선택임

· 초반 콘셉트를 명확히 잡았다면 정체성을 나타내는 소품을 지속적으로 활용하기

  (유튜브랩의 경우 가운과 안경으로 정체성을 강조하고 있음)

청각적 요소

대부분의 크리에이터는 화면에 나오는 자신의 모습을 세심하게 체크합니다. 반면 청각적인 부분은 상대적으로 소홀히 하는 경향이 있습니다. 외모나 분위기뿐만 아니라 목소리도 아주 중요한 퍼스널 브랜딩 요소입니다. 얼굴이 나오지 않는 콘텐츠라면 목소리의 영향력은 더욱 커집니다. 사실 목소리 이야기를 하면 주눅 드는 분이 많습니다. 프로다운 목소리, 아름다운 목소리는 아나운서의 영역이라고 생각하기 때문입니다. 확실히 아나운서처럼 말할 수 있다면 듣기도 편하고 신뢰감을 줄 수 있겠지만 모두가 아나운서처럼 이야기할 필요는 없습니다. 유튜브 퍼스널 브랜딩은 자신만의 개성을 바탕으로 구축하는 것이니까요. 다음에 소개하는 청각적 요소를 잘 살펴보면서 나만의 목소리를 표현해 보기 바랍니다.

1) 목소리 톤

· 전문적이고 신뢰감을 주고 싶다면 약간 낮은 톤으로

· 귀엽고 밝은 이미지는 생기 넘치는 높은 톤으로

· 보통 코, 머리 쪽에서 울리는 목소리는 가늘고 높고,

  인중과 그 아래쪽에서 울리는 목소리는 낮고 굵음

· 원하는 목소리가 있다면 발성 기관, 조음 기관에 대해 공부하는 것을 권장

2) 목소리 크기

· 목소리가 너무 작아서 배경음이나 효과음에 묻히지 않도록 주의

· 편집으로 목소리를 키울 수 있으나 완성본이 매끄럽지 않게 들릴 수 있음

· 목소리가 작으면 소극적이거나 쑥스럽다는 인상을 주기 때문에 프로답지 않게 보일 수 있음

· 발성은 연습을 통한 훈련이 필요함. 전문가의 도움을 받을 경우 더 빠르게 변화 가능

3) 발음

· 또박또박한 것이 좋지만, 지나치게 신경 쓰면 흐름이 어색해질 수 있음

· 꾸준히 연습하되 단기간에 고쳐지지 않는다면 자막으로 단점을 보완

· 지적인 이미지를 표현하는 것처럼 발음의 정확도가 꼭 필요한 경우는

  평소보다 입을 크게 벌리는 것을 권장

4) 억양

· 너무 단조로우면 지루한 인상을 주기 때문에 약간의 변주를 주면서 생동감 있게 전달하기

· 반대로 억양 변화가 지나치게 클 경우 가벼워 보이는 느낌을 줄 수 있음

5) 말의 빠르기

· 일반적으로 여유 있게 해야 함. 다만 콘텐츠의 내용에 따라 달라질 수 있음

· 전문적인 느낌, 현장 생중계 등 긴장감이 필요한 경우 약간 빠른 속도 추천

· 시청 연령대에 따라 빠르기를 느끼는 정도가 다르기 때문에 시청자 선호도 파악 필요

· 예능 콘텐츠의 경우 속도감 있는 말이 재미의 요소가 되지만,

　교육 콘텐츠에서는 강압적이고 배려 없다는 느낌이 들 수 있음

6) 습관

· 말끝을 흐리는 습관은 반드시 고치기

· 화를 내는 느낌, 톡 쏘아붙이는 말투는 부드러운 어조로 바꾸는 연습이 필요

· 어미 늘리기, 콧소리, 줄임말 사용은 가급적 고치는 것을 권장

· 채널 성격에 따라 콧소리나 사투리 등은 자신만의 개성이 될 수 있음

7) 배경음악과 효과음

· 배경음악은 영상의 전체적인 분위기를 결정하기 때문에 신중하게 선택하기

· 음악 선정이 어렵다면 유튜브 오디오 보관함의 필터 사용을 추천

· 특별한 경우가 아니라면 기본적으로 밝은 음악이 좋음

퍼스널 브랜딩 – 청각적 요소 필수사항 체크하기

· 내가 보여주고 싶은 이미지와 목소리가 어울리는가?

· 목소리가 너무 작지 않은가?

· 발음이 분명한가?

· 억양이 일정하기만 한 것은 아닌가?

· 억양에 너무 많은 변화가 있는 것은 아닌가?

· 말이 너무 빠르지 않은가?

· 말이 너무 느리지 않은가?

· 말끝을 흐리지 않는가?

· 화를 내거나 짜증을 내는 느낌이지 않는가?

당신의 유튜브 컬러는 무엇인가요?

유튜브 전문가로 활동하며 연간 2~3만명의 예비·기존 크리에이터를 만나고 있습니다. 그러면서 알게 된 사실이 하나 있습니다. 모든 크리에이터가 저마다 '고유한 빛깔'을 가졌다는 것입니다. 같은 장르와 소재를 기획해도 크리에이터마다 결과물은 다르게 나옵니다. 편집 수업에서 동일한 촬영본을 예제로 주어도 전혀 다른 완성작이 나오기도 합니다.

안타까운 점은 대부분의 크리에이터가 이런 사실을 접할 기회가 적어서인지, 자신의 콘텐츠가 얼마나 차별화되어 있고 가능성이 있는지 잘 알지 못한다는 점입니다. 실제로 100만 이상 조회 수 영상을 지닌 유튜버 중 '이 영상은 왜 잘 된 건지 모르겠어요', '다른 영상은 왜 이 영상만큼 잘 안되는 걸까요?'라고 솔직히 이야기하는 분도 있습니다. 이처럼 놀라운 성과를 이룬 크리에이터도 본인 영상의 차별화 요소나 가능성을 정확하게 파악하는 것이 어렵습니다. 그렇기 때문에 예비 유튜버나 초보 유튜버의 경우 내 채널만의 고유한 색깔을 발견하고 만들어 가는 것을 이렇게 느낍니다.

　이 책을 보고 계신 여러분은 어떠신가요? 이미 유튜브에 업로드된 영상과 비슷한 요리를 한다고, 똑같은 게임을 한다고, 같은 책을 요약한다고, 같은 아이돌을 커버한다고 '나는 무수히 많은 파란색 중 하나일 뿐이야'라고 생각하지는 않나요? 내 영상이 특별하지 않기 때문에 시청자의 눈에 들지 못한다고 느낀다면, 저는 단호하게 '아닙니다'라고 말씀드리고 싶습니다.

　'유튜브는 아직 당신을 발견하지 못한 것뿐입니다.'

　아직 당신의 콘텐츠를 좋아할 만한 시청자를 발견하지 못했을 뿐입니다. 꽃이 피는 시기가 다르듯 콘텐츠가 피어나는 시기도 다릅니다. 그렇다고 계속 멈춰 기다리라는 말은 아닙니다. 브랜딩은 당신의 빛깔을 더 먼 곳까지 퍼지게 합니다. 유튜브를 알고, 나를 알고, 시청자를 알아가며 자신의 빛깔이 계속 퍼져나가도록 해주세요. 뷰티 크리에이터가 색조 화장품을 설명할 때, '세상에 똑같은 레드는 없다'라는 표현을 하곤 합니다. 이 말을 빌려 '세상에 똑같은 크리에이터는 없다'라는 말을 전하고 싶습니다. 당신의 유튜브 컬러는 어떤 빛깔을 품고 있나요? 유튜브라는 팔레트에 당신이라는 색이 선명하게 나타나기를 기대합니다.

김형진 교수

"콘텐츠 기획은 감이 아닌 철저한 분석으로 해야합니다."

3교시
시청자가 찾는 콘텐츠 기획하기

1. 내 채널 한 줄 소개와 3What 기법

2. 왜, 제 VLOG는 사람들이 봐주질 않죠?

3. 조회 수 1천은 어떻게 넘길 수 있죠?

4. 기획안 작성은 어떻게 하죠?

1. 내 채널 한 줄 소개와 3What 기법

내 채널을 소개하는 한 줄이 필요합니다

유튜브를 처음으로 시작하는 사람들은 대부분 다음과 같은 고민을 가지고 있습니다.

'어떤 걸 찍어야 할까?'
'어떤 걸로 찍어야 할까?'
'어떻게 만들어야 할까?'

이 세 가지 고민이 똑같아 보이지만 내용을 들여다보면 질문의 성격이 매우 다르다는 것을 알 수 있습니다. '어떤 걸 찍어야 할까?'는 기획적인 질문이고, '어떤 걸로 찍어야 할까?'는 촬영적인 질문, '어떻게 만들어야 할까?'는 편집적인 질문에 가깝기 때문입니다.

그동안 5천 명이 넘는 수강생들을 만나면서 받은 질문을 생각해보면 대부분 촬영과 편집에 관련된 것이었습니다. 하지만 유튜브 채널 운영은 기획이 빠지면 성공하기 어렵습니다. 그렇기 때문에 '도대체 어떤 걸 찍어야 하나요?'라는 질문의 답을 찾아야만 유튜브에서 성공할 수 있습니다.

이 질문에 대답하기 위해서는 먼저 한 가지 준비가 필요합니다. 바로 내 채널을 소개할 수 있는 한 문장이 꼭 있어야 합니다. 유튜브를 시작하는 분들에게 어떤 채널을 운영하고 싶은지 물어보면, 보통 돌아오는 답변이 여행, 브이로그, 먹방, 맛집 리뷰입니다. 이런 대답이 나오는 이유는 아마도 일상생활과 밀접한 분야이기 때문에 특별한 기획 없이도 시작할 수 있다고 생각하기 때문일 겁니다. 하지만 유튜브에서 성공하기 위해서는 한 단계가 더 필요합니다. '어떤 여행?', '어떤 브이로그?', '어떤 먹방?', '어떤 맛집 리뷰?'인지를 결정하는 것입니다.

유튜브에는 알고리즘이 존재합니다. 유튜브 알고리즘을 100% 이해하는 것은 불가능하지만, 기본적인 알고리즘의 개념은 이해할 필요가 있습니다. 한 명의 신규 시청자가 유튜브에 들어왔다고 가정해 보겠습니다. 그 시청자는 먹방이라는 단어를 검색합니다. 그럼 유튜브는 이 구독자에게 좋은 먹방을 추천하기 위해 수많은 영상 중에서 결과를 찾는 과정을 거칩니다. 이때 유튜브가 좋은 영상을 찾는 방법이 유튜브 알고리즘입니다.

앞에서 이야기했듯이 알고리즘을 전부 이해하는 것은 어렵습니다. 하지만 유튜브가 적어도 내 채널을 먹방으로 인식할 수 있도록 하는 것은 매우 중요합니다. 추가적으로 신규 시청자가 치킨 먹방을 주로 본다면 유튜브는 수많은 먹방들 중에서 치킨 먹방을 노출합니다. 그래시 더욱 내 채널이 어떤 채널인지 유튜브에게 정확하게 인식시켜야 합니다. 그 작업이 바로 내 채널을 소개하는 한 줄을 만드는 일입니다.

3What 기법

그럼 어떻게 내 채널을 소개하는 한 줄을 만들 수 있을까요? 제가 제안하는 방법은 바로 '3What 기법'입니다.

What 01 : 나는 무엇을 좋아하는가?
What 02 : 나는 무엇을 하고 싶은가?
What 03 : 구독자는 무엇을 좋아하는가?

이 3가지 질문에 정확한 대답을 할 수 있다면 채널은 저절로 성장하게 됩니다. What 01과 What 02는 채널의 지속성에 관련된 요소이고, What 03은 채널의 성장과 관련된 요소입니다.

What 01~02 : 나는 무엇을 좋아하는가?, 나는 무엇을 하고 싶은가?

내가 하고 싶고 좋아하는 유튜브 영상을 만들어야 꾸준히 질리지 않고 채널을 지속해 나갈 수 있습니다. 그래서 자신의 취미 활동과 관련된 유튜브 채널을 운영하는 분들이 중간에 포기하지 않고 꾸준히 영상을 제작하는 비율이 높습니다. 자신이 무엇을 좋아하고, 무엇을 하고 싶은지 잘 고민하고 유튜브를 시작해야 합니다.

What 03 : 구독자는 무엇을 좋아하는가?

다음은 구독자를 고려해야 합니다. 유튜브에 영상을 올린다는 의미는 나 혼자 볼 영상을 보관하는 것이 아니라, 내 영상을 다른 사람과 공유하고 싶다는 의미를 포함합니다. 그렇기 때문에 나만 만족하는 영상이 아닌 구독자가 재밌어하거나 정보를 얻을 수 있는 영상을 기획해야 합니다. 내가 좋아하고, 하고 싶은 분야에서 구독자는 어떤 걸 보고 싶어 하는지 고민하다 보면 꾸준한 성장을 할 수 있습니다.

'3What'에 관한 질문을 이해하고 자신의 상황에 맞춰 대답하다 보면 어떤 콘텐츠를 찍어야 할지 감을 잡을 수 있습니다. 이런 기획이 쌓이다 보면 유튜브의 특성상 내가 만든 영상의 영향력은 점점 더 커지게 됩니다. 또한 단순히 구독자와 조회 수를 높이기 위한 것이 아닌, 유튜브를 통해서 내가 이루고자 하는 목표를 명확히 정한다면 채널 운영의 방향성을 잡아가기가 더 쉬워집니다.

그럼 다음 페이지에서 당신의 채널을 소개하는 한 줄을 작성해 봅시다.

■ 성공적인 유튜브 채널을 위한 3What 작성해 보기

What 01 : 나는 무엇을 좋아하는가?

_____

_____

_____

_____

What 02 : 나는 무엇을 하고 싶은가?

_____

_____

_____

_____

What 03 : 구독자는 무엇을 좋아하는가?

_____

_____

_____

_____

내 채널을 한 줄로 소개한다면?

_____

_____

_____

_____

카테고리 법칙 : 구독자 타깃팅하기

　유튜브 채널을 처음 시작한다면 다음 두 가지를 꼭 결정해야 합니다. 하나는 '카테고리'이고, 하나는 '구독자'입니다. 이 두 가지로 내 채널의 미래가 결정됩니다.

　먼저 카테고리를 알아볼까요? 예를 들어, 강남역에 커피 가게를 차린다고 가정해 보겠습니다. 강남역은 유동 인구가 많고 커피를 소비하는 사람들도 많은 곳입니다. 대신 이미 자리 잡은 카페들도 많지요. 만약 이곳에서 카페 마케팅을 성공한다면 수많은 소비자를 얻을 수 있을 겁니다. 다음으로는 강남역에서 '인도 전통차' 판매를 생각해 보겠습니다. 카페와 비교했을 때 경쟁 가게가 많지 않지만, 대신 인도 전통차를 찾는 사람도 그만큼 적을 것입니다. 그래서 강남역에 커피 가게를 차릴지, 인도 전통찻집을 차릴지는 자신의 상황과 철저한 시장 조사를 통해 결정해야 합니다.

이와 비슷하게 유튜브를 준비할 때도 내 채널이 대략 이느 정도로 성장할지 예측하기 위해서 사전 시장 조사가 꼭 필요합니다. 내 채널의 목적과 시장 조사에 따른 전략적인 카테고리 선정이 필요하기 때문입니다.

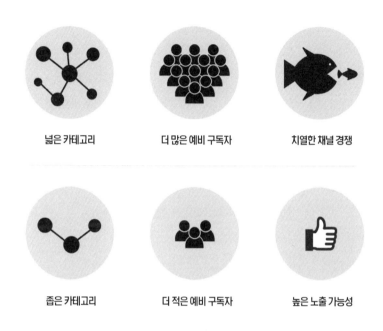

넓은 카테고리　　　　더 많은 예비 구독자　　　　치열한 채널 경쟁

좁은 카테고리　　　　더 적은 예비 구독자　　　　높은 노출 가능성

구독자가 300명인데 매출이 3배나 오를 수 있었던 이유는?

대부분의 사람들은 채널 카테고리를 설정할 때 넓은 쪽을 선택합니다. 그러나 좁은 카테고리도 목적이 명확하다면 좋은 성과를 낼 수 있습니다. 제가 컨설팅을 진행했던 사례를 예로 들면 해외 부동산 구매를 연계해 주는 분이 계셨습니다. 이분의 고민은 해외 부동산 구매에 관심 있는 사람이 많지 않기 때문에 유튜브를 시작해도 괜찮을까 하는 것이었습니다. 저는 유튜브 시작을 적극적으로 추천드렸습니다. 그렇게 한 달이 지나고 채널 구독자가 300명이 되었을 때 이분의 매출은 평소보다 3배가 올랐습니다. 어떻게 이런 일이 생긴 걸까요? 바로 구독자 타깃팅이 명확했기 때문입니다. 비록 구독자가 300명이고 평균 조회 수가 100 미만이었지만, 조회 수 100은 그냥 '아무나'가 본 것이 아니었습니다. 정말로 해외 부동산에 관심 있는 분들이 시청했기 때문에 시청자가 바로 소비자가 되었던 것입니다.

자, 이제 같은 맥락에서 이번 수업의 제목으로 돌아가 볼까요? 사람들이 왜, 내 VLOG를 봐주지 않을까요? 앞에서 말씀드린 내용을 고려해 보면 브이로그의 카테고리는 다른 카테고리에 비해서 경쟁률이 매우 높습니다. 그래서 특색이 없으면 노출이 쉽지 않죠. 직업적인 특징, 위치적인 특징, 상황적인 특징 등 그 무엇이든지 기획의 영역부터 다른 채널과 차별화가 있어야 노출의 기회를 얻을 수 있습니다.

구독자 설정만 바꿨을 뿐인데, 2천 명에서 한순간에 1만 7천 명으로

그럼 차별화는 어디서부터 시작해야 할까요? 차별화의 시작은 구독자입니다. 앞에서 말씀드린 것처럼 유튜브에 영상을 올린다는 것은 다른 사람들에게 공유하는 것을 목적으로 합니다. 그럼 이제 다른 사람, 즉 구독자를 어떻게 설정할 것이냐가 매우 중요한 포인트입니다. 저는 효과적인 타깃팅을 위해 '인칭'이라는 개념을 사용합니다.

인칭은 우리가 국어 시간에 배워서 알고 있는 1인칭, 2인칭, 3인칭입니다. 이 개념을 유튜브 구독자에 적용하면 1인칭은 내가 만들고 싶은 영상만을 제

작하는 것, 2인칭은 구독자를 위한 영상을 제작하는 것, 3인칭은 대중들을 위한 영상을 제작하는 것입니다. 1인칭만 고집하는 채널은 성장하기가 어렵습니다. 다른 사람이 봐주질 않으니까요. 2인칭의 경우는 내가 구독자를 어떤 카테고리로 정하느냐에 따라 채널의 성장이 달라집니다. 커피를 좋아하는 사람과 인도 전통차를 좋아하는 사람 중 어떤 카테고리로 구독자를 잡느냐에 따라 채널의 성장이 달라질 수 있다는 말입니다. 마지막으로 3인칭은 대중이 모두 관심을 가질 수 있는 콘텐츠를 만드는 것입니다. 3인칭으로 구독자를 타깃팅하고 차별성 있는 영상을 만들다 보면 채널과 조회 수가 급성장하는 경험을 하게 됩니다.

한번은 와인 유튜버를 컨설팅한 적이 있습니다. 이분은 1년 동안 꾸준히 채널 운영을 하면서 구독자 2천 명을 모았습니다. 물론 구독자 2천 명을 모은 것도 좋은 성과였습니다. 와인이라는 주제가 큰 카테고리가 아니었기 때문입니다. 이 유튜버의 고민은 채널이 더 이상 성장하지 않는다는 것이었습니다. 그래서 채널을 살펴보았습니다. '150만 원 와인 리뷰', '소믈리에 박람회 Vlog' 등이 올라와 있었습니다. 2인칭 시점에서 와인을 좋아하는 구독자에게는 매우 훌륭한 콘텐츠라고 생각했지만, 채널이 성장하기에는 적합하지 않았습니다. 3인칭, 즉 대중들의 관심을 끌만한 콘텐츠가 아니었기 때문입니다.

컨설팅을 통해 '이마트 와인, Top3', '롯데마트 와인, Top3' 같은 콘텐츠 제작을 추천했습니다. 평소 와인에 관심이 높지 않더라도 누구나 한 번쯤 흥미롭게 볼만한 주제였습니다. 결과는 놀라웠습니다. '이마트 와인, Top3' 영상이 올라갔을 때, 1년 동안 2천 명이었던 구독자가 3주 만에 1만 7천 명이 되었기 때문입니다. 뿐만 아니라 이마트에서 와인 광고를 제안받는 채널로 성장하는 놀라운 결과를 만들어 냈습니다.

이처럼 유튜브를 운영할 때 또는 채널을 시작할 때는 '카테고리와 구독자 타깃팅'을 명확하게 해야 합니다. 그래야만 노력과 시간을 보상받는 채널 성장을 경험할 수 있습니다.

3. 조회 수 1천은 어떻게 넘길 수 있죠? ▶

조회 수 1천의 비밀

지금부터 알려드릴 내용은 초보 유튜버 혹은 예비 유튜버에게만 해당하는 이야기일 수 있습니다. 어느 날 여러분의 주변에 새로운 카페나 식당이 오픈했습니다. 그 사실을 어떻게 알았나요? 아마 오픈한 가게에서 배포한 전단지나 광고판을 통해 알게 되었을 겁니다. 유튜브도 마찬가지입니다. 시청자에게 채널을 오픈했다는 사실을 알려야 합니다. 하지만 유튜브는 오프라인처럼 전단지나 광고판이 없습니다. 물론 유튜브 내에도 광고가 존재합니다. 구글에서 지원해 주는 광고 시스템을 활용하면 내 채널을 다른 사람에게 노출할 수 있습니다. 하지만 광고는 지속적으로 많은 비용이 들기 때문에 이제 막 유튜브를 시작하는 분에게는 좋은 방법이 아닙니다. 그럼 어떻게 해야 할까요?

유튜브 채널을 알리기 위해서는 시청자의 관심 주제와 내 콘텐츠를 연결하는 방법을 사용해야 합니다. 그 첫걸음은 바로 '시의성'을 활용하는 것입니다. 시의성이란 쉽게 말해 이슈가 되고 있는 콘텐츠입니다. 지금 여러 사람 입에 오르내리는 주제로 영상을 찍는다면 내 채널이 쉽게 노출될 수 있겠죠.

제가 컨설팅을 진행했던 분 중 철판 아이스크림을 만드는 유튜버가 있었습니다. 이분은 딸기, 포도, 초콜릿 등 일반적인 아이스크림을 주제로 영상을 만들었는데요, 평균 조회 수가 100~200회 정도 나오고 있었습니다. 그 유튜버의 소원은 한 번이라도 조회 수 1천을 넘겨보는 것이었습니다. 그래서 저는 채널 방향성과 무관한 오직 조회 수를 목적으로 하는 콘텐츠를 추천해 주었습니다.

당시 식당을 찾아가 컨설팅을 해주는 프로그램이 인기리에 방송되고 있었는데, 특히 그 주에 한 제육볶음 집이 굉장한 이슈가 되었습니다. 식당 주인이 방송 후 컨설팅 받은 내용을 무시한 채 과거의 조리법으로 돌아갔기 때문입니다. 그리고 요리에 대한 피드백이 좋지 않은 손님에게 방송에서 컨설팅 받은 것 때문에 맛이 좋지 않다고 변명까지 했던 것이죠. 이런 이유로 당시 해당 식당에 대한 관심이 폭발하고 있었습니다.

저는 이것을 보고 한 가지 제안을 드렸는데, 바로 제육볶음으로 철판 아이스크림을 만들어 보는 것이었습니다. 제육볶음이라는 키워드가 이슈가 된 시점에서 전혀 어울리지 않을 것 같은 철판 아이스크림이 접목된 콘텐츠라면 분명 대중의 이목을 끌 수 있다고 생각했기 때문이죠. 이 영상은 업로드 후 하루 만에 조회 수 1천을 넘겼고, 일주일이 지났을 때는 조회 수 3천을 기록하는 영상이 되었습니다.

'시의성'에 관한 주제가 이해되셨나요? 내가 만들고 싶은 콘텐츠가 있다면 지금 대중이 관심 갖는 주제와 접목시켜 보세요. 이전과는 차원이 다르게 조회 수를 끌어올릴 수 있습니다. #머니게임이라는 키워드가 한창 인기 있을 때, 이 '머니게임' 이슈를 영상으로 만든 유튜버는 한 달 만에 10만 구독자를 모을 수 있었고, #디아블로2 레저렉션이 오픈되기 전, 디아블로2 관련 채널을 운영하던 유튜버는 게임 오픈 후 한 달 만에 3천 명에서 5만 명의 구독자를 달성했습니다. 결국 내가 좋아하는 주제를 찾는 것도 중요하지만, 지금 대중이 관심을 보이는 이슈를 파악하고 내 콘텐츠와 접목하는 일도 매우 중요합니다. 이렇게 콘텐츠를 만들다 보면 영상 조회 수도 자연스럽게 늘어날 수 있습니다.

유튜브 기획안 작성이 꼭 필요하냐고 물으신다면, 한 번 정도는 무조건 해보라고 답해드리고 싶습니다. 기획안을 쓴다고 채널이 드라마틱하게 성장하는 것은 아니지만, 머릿속에만 어지럽게 있던 아이디어가 순서대로 정리되는 효과를 얻을 수 있기 때문입니다. 그럼 지금부터 저와 함께 유튜브 기획안을 작성해 볼까요?

채널명 정하기

채널 이름은 크게 3가지 형태로 나눌 수 있습니다.

1) 콘텐츠 이름이 들어가는 방법 : 부동산 읽어주는 남자

2) 브랜드 이름이 들어가는 방법 : 직방, 꽁병지티비

3) 별다른 뜻이 없는 이름 : 과나

보통 이 3가지 방법으로 채널 이름을 정하는데, 초보자를 위해서 한 가지만 고른다면 콘텐츠 이름이 들어가는 방법을 추천합니다. 유튜브에서 관련 주제를 검색하다 보면 타이틀과 함께 채널도 노출됩니다. 이때, 상대적으로 노출이 적은 초보 유튜버의 경우, 채널명에 콘텐츠 주제가 녹아 있다면 결과적으로 영상 노출 가능성을 높일 수 있습니다.

한 번 정한 채널명은 바꿀 수 없나요?

채널 이름은 언제든지 바꿀 수 있다. 그렇기 때문에 시작 단계부터 너무 망설이지 말고 우선 어느 정도 결정된 채널 이름으로 활동하다가 추후 더 적합한 채널명으로 변경하는 것도 고려해 볼 만하다.

방송 주기 정하기

방송 주기는 무리하지 않는 선에서 정하는 것이 좋습니다. 지속적인 콘텐츠 생산을 위해 현실적인 업로드 일정을 고려해야 합니다. 만약 꾸준한 업로드가 어려운 분이라면 미리 영상을 찍어 두는 방법도 있습니다. 3~4개 정도 여유 있게 영상을 만들어 놓으면 운영 부담을 덜 수 있고, 예기치 못한 상황에도 대응할 수 있습니다.

카테고리 설정하기

카테고리란 영상의 장르를 말합니다. 유튜브에서 가장 중요한 요소 중 하나입니다. 카테고리를 어떻게 정하느냐에 따라 채널 구독자 수와 수익이 결정된다고 해도 과언이 아닙니다. 만약 구독자 수만을 목적으로 하는 채널이라면 시청자가 많은 카테고리를 선택해야 합니다. 주요 카테고리는 책 앞쪽 '유튜브 콘텐츠별 특징'에서 자세히 살펴볼 수 있습니다.

제작 형식 정하기(실내/실외)

제작 형식은 크게 실내와 실외로 나뉩니다. 제작 형식을 초기에 정하는 이유는 장비 때문입니다. 어느 쪽을 선택하느냐에 따라 조명, 마이크, 카메라 등 촬영 장비가 달라집니다. 장비를 고르는데 많은 시간과 노력, 비용이 필요하기 때문에 기획 단계부터 어떤 형식으로 촬영할지 신중하게 선택해야 합니다.

시청 타깃 정하기

시청 대상을 정할 때는 가능한 세부적으로 생각하는 것이 중요합니다. 유튜브는 이미 10년이 넘은 플랫폼이고, 세계적으로도 수많은 사람이 콘텐츠를 제작하고 있습니다. 그렇다 보니 카테고리별 경쟁이 매우 치열합니다. 이러한 생태계에서 살아남는 방법은 타깃층을 명확히 하는 것입니다. 시청 타깃 설정하기와 관련된 사례를 하나 살펴보겠습니다.

프로 골퍼 10명에게 유튜브 채널 기획안 숙제를 내준 적이 있습니다. 10명 중 9명은 '대중'을 대상으로 골프를 쉽게 알려주는 기획안을 작성했습니다. 딱 한 분만 '직장인'을 타깃으로 기획안을 만들었는데, '대중'에서 '직장인'으로 타깃이 세분화되는 순간 채널의 방향성은 완전히 달라집니다. '직장인'이라는 키워드가 들어가면서 '주말' 그리고 '가성비'라는 키워드를 접목할 수 있기 때문입니다.

· 직장인이 주말에 가기 좋은 골프장 추천

· 직장인이 사기 좋은 가성비 좋은 골프채 추천(종류별)

· 상사에게 선물하기 좋은 골프 용품

타깃을 직장인으로 잡는 순간 콘텐츠의 차별화는 저절로 따라오게 됩니다. 여기서 더 나아가 여성 직장인 → 30~40대 여성 직장인 → 골프를 시작하는 30~40대 여성 직장인 등으로 타깃을 세분화할 수 있습니다. 이렇게 '세분화된 타깃 설정'을 연습해 보는 것만으로도 콘텐츠 제작이 수월해지는 경험을 하게 될 겁니다.

러닝 타임(R/T) 정하기

평소에 '영상을 몇 분으로 만들면 좋을까요?'라는 러닝 타임 질문을 자주 받습니다. 그때마다 제가 드리는 대답은 '채널마다 다르다'입니다. 더 정확하게 말씀드리면 '지속 시청 시간마다 다르다'입니다. 예를 들어 시청자가 똑같이 1분을 보더라도 '10분짜리'영상에서 1분인지, '2분짜리'영상에서 1분인지는 차이가 큽니다. 이 경우 후자의 지속 시청 시간이 더 길게 나왔다고 볼 수 있습니다. 당연히 긴 영상을 길게 봐준다면 좋겠지만, 초보자가 '지속 시청을 이끌어내는 영상'을 만들기란 쉽지 않죠. 그래서 제가 추천하는 방법은 영상의 러닝 타임을 점차적으로 늘려가는 것입니다. 처음에는 짧은 영상으로 시청 시간을 늘릴 수 있는 방법을 고민하고, 차근차근 러닝 타임을 늘려가는 겁니다. 콘텐츠를 만들다 보면 실력이 늘고, 또 채널 운영을 하다 보면 조회수나 댓글, 좋아요 등을 통해서 시청자가 좋아하는 포인트를 찾을 수 있기 때문입니다.

업로드 시간 정하기

업로드 시간은 이왕이면 고정 시간대를 추천합니다. 가장 큰 이유는 '평균 조회 수'를 파악하기 위해서입니다. 예를 들어 다이어트를 할 때, 트레이너가 꼭 하는 이야기가 있습니다. 식사량을 동일하게 유지하라는 것이죠. 이유는 간단합니다. 운동을 하면서 똑같은 양으로 식사를 했는데 살이 빠지지 않는다면 식사량을 줄여야 하기 때문입니다. 유튜브도 마찬가지입니다. 채널을 오픈하고 고정된 시간에 업로드를 해왔는데, 조회 수가 생각만큼 나오지 않는다면 업로드 시간을 바꿔보는 것도 하나의 해결책이 될 수 있습니다. 또한 업로드 시간은 시청자와의 약속이기도 합니다. 고정된 시간을 지키기 위해 노력한다면 채널을 꾸준히 운영하게 되고, 결과적으로 채널은 성장하게 됩니다.

기획 의도 정하기

유튜브 기획안의 핵심은 지금 살펴볼 '기획 의도'입니다. 기획 의도는 '내부적인 의도'와 '외부적인 의도', 2가지로 나눠서 생각해야 합니다. '내부적인 의도'는 내가 유튜브를 하는 이유이고, '외부적인 의도'는 내 유튜브가 어떤 채널인지 알려주는 것입니다. 예를 들어 여러분이 어떤 기업에 취업한다고 가정해 보겠습니다.

· 내부적인 의도

"이 회사가 월급이 많으니, 열심히 돈 벌어서 여행도 다니고 맛있는 것도 사 먹어야지!"

· 외부적인 의도

"제가 속한 이 회사를 꼭 글로벌 기업으로 만들겠습니다!"

외부적인 의도와 내부적인 의도가 동일한 경우도 있지만, 그렇시 않더라도 동일한 목표 지점이 있어야 채널을 포기하지 않고 꾸준히 운영할 수 있습니다. 실제로 제 주변에는 내부적인 의도가 없어서, 혹은 외부적인 의도가 부족해서 채널 운영을 중도에 포기한 유튜버가 많습니다. 그중에는 구독자가 40만 명이 넘는 유튜버도 있었습니다. 많은 구독자가 이 채널을 좋아했지만, 채널을 계속 운영할 수 있는 내부적 동기가 떨어졌기 때문이죠. 채널을 시작하기 앞서 꼭 내부적, 외부적 기획 의도를 작성해 보기 바랍니다.

주요 콘텐츠 주제 정하기(3개 이상)

이 단계의 핵심은 여러분의 유튜브 콘텐츠 핵심 주제를 3가지 이상 기획해 보는 것입니다. 성공하는 유튜버의 기본은 '꾸준함'입니다. 꾸준한 유튜버가 되려면 꾸준히 만들 수 있는 콘텐츠가 있어야 합니다. 자, 만약 당신이 패션 카테고리 유튜브 채널을 개설한다고 생각해 보세요. 어떤 주제로 영상을 만들 수 있을까요? 3가지 이상의 주제가 떠올랐나요?

1) 30대 여성 직장인 데일리 출근 룩

2) 10만 원 이하 갓성비 브랜드 옷 소개

3) 계절별 경조사 FM 룩 추천(결혼식, 장례식, 돌잔치, 상견례 등)

위와 같은 주제는 어떨까요? 만약 여러분이 시작하려는 채널의 주요 콘텐츠를 3개도 작성하지 못했다면 채널의 지속성에 대해 고민해 보기 바랍니다.

예산안 정하기

예산을 정할 때는 처음부터 너무 무리하지 말라는 말씀만 드리겠습니다. 최근 들어 IT 제품 리뷰와 먹방을 준비하는 예비 유튜버가 늘어났습니다. 그분들을 만날 때마다 저는 같은 질문을 합니다.

"리뷰할 IT 제품은 다 구입하실 예정인가요?"
"매 식사마다 어느 정도 지출을 할 수 있나요?"

예산은 현실입니다. 콘텐츠를 제작하는 것도 중요하지만, 제작에 필요한 예산을 지속적으로 감당할 수 있는지 꼭 고민해 보기 바랍니다. 채널 수익화가 이뤄지는 시점은 여러분의 생각보다 더 오래 걸릴 수 있습니다.

■ 유튜브 채널 기획안 작성하기

유튜브 채널 기획안			
채널명		작성자	
시청 타깃		카테고리	
방송 주기		업로드 시간	
러닝 타임		제작 형식	
기획 의도			
주요 주제 (3개 이상)			
회당 평균 예산		예산 펀딩 계획	
기타			

콘텐츠 소재 선정, 포스트잇을 활용해 보세요.

강민형 교수

유튜브랩에서는 콘텐츠 소재 선정이 어려울 경우 자체적으로 제작한 다양한 툴을 활용합니다. 하지만 특별한 툴이 없어도 포스트잇만 있으면 콘텐츠 소재 선정을 효과적으로 할 수 있습니다. ASMR 채널을 예시로 포스트잇을 활용하여 콘텐츠를 선정하는 방법을 알아봅시다.

1단계 : 이미 제작한 콘텐츠 소재 10개 적기(포스트잇 1장에 한 단어)

빗소리	카페 백색소음	만년필 소리	나무 도구 소리	키보드 소리
알로에 써는 소리	비누 깎는 소리	초콜릿 써는 소리	섬유 향수병 소리	스티커 사용해 편지 쓰기

2단계 : 앞으로 사용하지 않을 것 같은 콘텐츠 소재 10개 적기(포스트잇 1장에 한 단어)

카메라	요리	명품	군대	계란찜
커피	수리	결혼	체조	다이어트

3단계 : 최근 재미있게 본 영상이나 이야기 소재 10개 적기
       (단, 앞서 적은 단어와 겹치지 않아야 함, 포스트잇 1장에 한 단어)

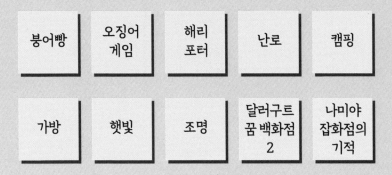

붕어빵	오징어 게임	해리 포터	난로	캠핑
가방	햇빛	조명	달러구트 꿈 백화점 2	나미야 잡화점의 기적

4단계 : 내 영상을 주로 보는 시청자의 특징(연령, 직업, 관심사) 찾기
       (포스트잇 1장에 모두 작성)

1) 연령 : 18~24세
2) 직업 : 학생
3) 관심사 : 수면

5단계 : 1~4단계 31장의 포스트잇 확인하기

6단계 : 4단계 포스트잇(시청자 특징)을 바닥에 두고,
        그 아래로 해당 시청자가 좋아할 만한 소재 15개를 무작위로 배치하기

1) 연령 : 18~24세
2) 직업 : 학생
3) 관심사 : 수면

스티커 사용해 편지 쓰기	붕어빵	명품	빗소리	초콜릿 써는 소리
달러구트 꿈 백화점 2	키보드 소리	요리	수리	오징어 게임
해리 포터	커피	카메라	다이어트	캠핑

7단계 : 15개 포스트잇을 보며 3개씩 짝지어 보기
　　　 짝 지은 소재끼리 재미있는 조합이면 기록하고, 좋은 조합이 아니면 적지 않기

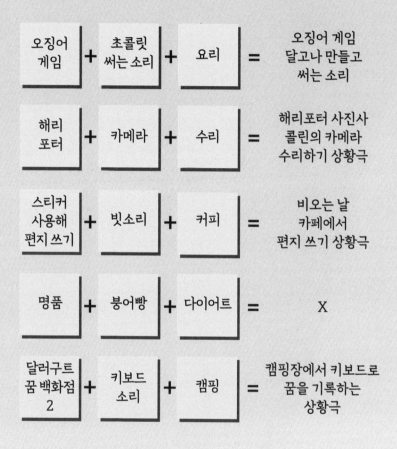

오징어
게임 ＋ 초콜릿
써는 소리 ＋ 요리 ＝ 오징어 게임
달고나 만들고
써는 소리

해리
포터 ＋ 카메라 ＋ 수리 ＝ 해리포터 사진사
콜린의 카메라
수리하기 상황극

스티커
사용해
편지 쓰기 ＋ 빗소리 ＋ 커피 ＝ 비오는 날
카페에서
편지 쓰기 상황극

명품 ＋ 붕어빵 ＋ 다이어트 ＝ X

달러구트
꿈 백화점
2 ＋ 키보드
소리 ＋ 캠핑 ＝ 캠핑장에서 키보드로
꿈을 기록하는
상황극

8단계 : 7단계 작업 반복하기. 소재의 위치를 옮겨가며 다양한 방법으로 조합 만들기
　　　 그 중에서 괜찮은 소재 선택하여 활용하기

PART 03

실천이 필요한 당신에게

유튜브,
업로드를 해야 다음이 보입니다.

#채널오픈 #채널관리

강민형 교수

"유튜브, 이렇게 시작하세요. 절대 실패하지 않습니다."

1교시
시청자에서 유튜버로

1. 왜 나는 시청자로만 남아있을까?

2. 망설이는 이유 해결하기 ①

3. 망설이는 이유 해결하기 ②

1. 왜 나는 시청자로만 남아있을까?

당신이 유튜브 시작을 주저하는 이유

유튜브 데이터(youtube for press)에 따르면, 매월 유튜브에 방문하는 사용자는 20억 명에 육박합니다. 사용자가 콘텐츠를 시청하는 시간은 하루에 10억 시간이 넘죠. 즉, 전 세계 인구의 4분의 1 이상이 매일 유튜브 속에서 활발하게 활동하고 있습니다. 우리나라 역시 유튜브를 숨 쉬듯 활용합니다. 한 조사에 따르면 19~59세의 64.6%가 '유튜브 시청은 생활습관'이라고 대답했습니다.(출처:엠브레인 트렌드 모니터) 그런데 이렇게 많은 유튜브 시청자에 비하면 여전히 콘텐츠를 제작하는 크리에이터는 적은 편입니다. 유튜브를 해보고 싶다는 막연한 생각은 있지만, 막상 시작하려고 하면 망설여지는 다양한 이유가 발목을 잡곤 하죠.

유튜브는 진입장벽이 높은 플랫폼이 아닙니다. 누구나 채널을 개설하고 자신의 영상을 올릴 수 있습니다. 하지만 우리는 섣불리 유튜브를 시작하지 못합니다. 하루도 빼놓지 않고 유튜브를 보지만, 유튜버가 되는 일은 먼 나라 이야기처럼 느껴집니다. 제가 연간 250건 이상의 강의를 진행하며 만난 많은 수강생 역시 유튜버가 되는 것을 망설이고 있었습니다. 왜 매일매일 유튜브와 함께 살아가면서 유튜버가 되는 것은 주저하는 걸까요? 강의를 진행하며 알게 된 이유는 크게 다섯 가지입니다.

1. 채널 운영 목표가 불분명하다.
2. 유튜버는 되고 싶지만 무엇을 만들어야 할지 모르겠다.
3. 누군가 나를 알아볼까 두렵다.
4. 장비, 조명 등 촬영을 어떻게 해야 할지 모르겠다.
5. 편집이 너무 어렵게 느껴져 막막하다.

그럼 지금부터 유튜버 되기를 망설이는 이유를 조금 더 자세히 살펴보고, 어떻게 해결할 수 있는지 알아보도록 하겠습니다.

채널 운영 목표가 명확한가요?

제가 참여하고 있는 유튜브 양성 과정은 적게는 140시간, 많게는 600시간의 커리큘럼으로 구성되어 있습니다. 긴 수업인 만큼 수강생의 각오를 확인하기 위해서 여러 차례 면접을 진행하는데요, 다부진 각오와 역량을 지닌 분들도 막상 수업을 시작하면 명확한 채널 운영 목표가 없는 경우가 허다합니다. 유튜브 양성 과정에 참여할 만큼 열정이 넘치는 분도 이러한데, 혼자 유튜브를 시작하는 경우 정보를 모으고 영상을 기획하고 제작하는 과정이 더벅찰 것입니다. 이때 유튜브 채널을 운영하는 분명한 목표마저 없다면 지속적인 활동을 기대하기 어렵습니다.

그럼 '명확한 목표'란 과연 무엇일까요? 먼저, 제 수업 시간에 학생들이 가장 많이 발표하는 운영 목표를 살펴보겠습니다.

· 내 삶을 영상으로 기록하고 싶다.

· 새로운 취미 활동이라고 생각한다.(재미있어서 시작한다.)

· 유튜브로 유명 인사가 되고 싶다.

· 사업을 위한 홍보나 마케팅 채널로 활용하고 싶다.

· 직업적으로 유튜브 크리에이터가 되고 싶다.

· 유명 크리에이터처럼 유튜브를 통해 수익을 얻고 싶다.

어떤가요? 분명한 목표들이죠? 뚜렷한 목표가 있으니 이제 크리에이터로서 활동을 시작하면 될 것 같아 보입니다. 하지만 문제는 바로 여기서부터 시작됩니다. 많은 유튜버가 이 다양한 목표를 동시에 이루려고 하기 때문입니다. 물론 '내 삶을 기록하면서 취미 활동도 즐기고, 유명 인사가 되어 광고도 받으며 돈을 많이 벌고 싶어'라는 목표가 나쁜 것은 아닙니다. 다만 유튜브를 막 시작했을 때, 이 많은 목표를 한 번에 이루려다 보니 쉽게 지쳐서 끝내 다시 시청자로 돌아가는 경우가 너무 많습니다.

다른 일과 마찬가지로, 유튜버도 내가 원하는 바를 이루기 위해서는 선택과 집중이 필요합니다. 유튜브를 하고 싶은 여러 가지 이유가 떠오르더라도, 처음에는 하나의 목표를 선택하고 집중해야 합니다. 그리고 그 목표를 달성하면 다음 목표를 정하는 겁니다.

예를 들어,

1. 유튜브 시작 후 첫 3개월은 기록에 초점을 맞추고

2. 영상 제작에 어느 정도 익숙해지면,

3. 호감형 유튜버 되기에 초점을 맞추는 것입니다.

이렇게 단계적인 목표를 세우고 하나씩 달성하다 보면 내가 예상하지 못했던 수익이나 마케팅 등 다른 목표들도 자연스럽게 이뤄지게 됩니다.

콘텐츠 주제 선정을 못하셨나요?

콘텐츠 주제 선정은 유튜버가 되고 싶은데 어떤 장르로 시작해야 하는지, 어떤 소재를 선정해야 하는지 막막한 경우입니다. 많은 예비 유튜버가 가장 공감하는 문제이기도 하죠. 이 질문에 대한 전문가들의 대답은 비슷합니다.

'좋아하는 것부터 시작하세요.'

좋아하는 분야로 시작하면 자연스럽게 많은 정보를 얻을 수 있고, 콘텐츠를 제작하는 일도 지속적으로 할 수 있기 때문이죠. 또한 다른 사람이 좋아할 만한 콘텐츠를 제작하려면 '내가 좋아하는 것'부터 파악해야 합니다. 내가 좋아하는 것을 모른 채, 다른 시청자의 흥미를 예측해 콘텐츠를 제작하는 것은 매우 어려운 일입니다.

하지만 많은 분들이 콘텐츠로 만들고 싶을 만큼 자신이 좋아하는 것을 잘 모르는 게 현실입니다. 그렇다고 너무 걱정하지 않아도 괜찮습니다. '내가 좋아하는 것이 무엇인가?'라는 질문은 진정한 크리에이터가 되기 위한 하나의 관문일 뿐입니다. 우리는 학교나 사회에서 내가 좋아하는 것이 무엇인지 진지하게 생각해 볼 기회가 거의 없었습니다. 그러니 좋아하는 것이 무엇인지 몰라도 괜찮습니다. 지금부터 생각해 보면 되니까요.

자, 그럼 이제 펜과 종이를 준비해 보세요. 그리고 기분 좋은 단어를 몽땅 적어보기 바랍니다. '고양이, 커피, 영화, 캠핑, 책, 요리, BTS, 카메라, 글쓰기' 등 생각나는 대로 적어봅시다. 다 적었다면 그 단어를 좋아하는 구체적인 상황을 떠올려 보세요. '귀여우니까, 재미있으니까'와 같은 단순한 이유가 아니라 육하원칙에 따라 적어야 합니다. '우리 집 고양이는 도도한 표정으로 나른하게 움직이다가도, 귀가한 나를 보면 애교를 부리러 달려온다. 나는 이 모습이 사랑스럽다', 혹은 '눈 뜨자마자 커튼을 열고 여유 있게 커피 한 잔을 마실 때가 즐겁다'처럼 말이에요.

이렇게 정리하다 보면 '고양이'에서 멈췄던 찍고 싶은 주제가 '도도하게 생겼지만 실상은 애교쟁이인 고양이'까지 발전하게 됩니다. 상황을 구체적으로 쓸수록 영상으로 보여주고 싶은 내용과 분위기를 생생하게 만들 수 있습니다. 가끔 '너무 뻔하지 않나?'라고 걱정하는 분들도 있지만, 단어에서 상황으로 그리고 콘텐츠로 주제를 점점 확장시켜가면 그 과정을 통해 차별성을 갖추게 됩니다. 그러니 걱정은 미뤄두고 자신과 끈질기게 대화해 보세요. 예시로 드린 옆 페이지 표를 참고하면서 나는 과연 무엇을 좋아하는지, 왜 좋아하는지, 어떤 콘텐츠를 찍고 싶은지 대답해 보기 바랍니다.

■ 좋아하는 것을 콘텐츠화 하는 구체적인 예시

좋아하는 것	상황/이유	콘텐츠로 확장
고양이	도도하고 나른하게 움직이는 우리 집 고양이. 내가 퇴근할 때 문 앞에서 애교를 부리기 위해 기다리는 모습이 사랑스럽다.	집에서 반려묘의 반전 매력을 보여주는 콘텐츠를 촬영해 볼까?
커피	눈 뜨자마자 커튼을 열고 여유 있게 커피 한 잔을 마실 때가 좋다.	커피는 여유의 상징이지만 바쁜 사람들의 에너지이기도 하니까 대리만족할 수 있도록 운치 있는 홈 카페 꾸미기와 건강하게 커피 마시는 법을 알려주자.
책	자기 전에 푹신한 침대에서 마음을 진정시키는 에세이나 잔잔한 소설을 읽는 시간이 행복하다.	자기 전에 시청하기 좋도록 무드 등을 켜 놓은 것 같은 분위기를 만들고, 갈등 요소가 크지 않은 소설이나 위로가 되는 책을 추천해 줘야지.
BTS	무대 위에서 멤버 모두가 공연하는 모습을 보면 너무 가슴이 뛴다.	앨범 타이틀의 뜻이나 재킷 사진, 뮤직비디오의 숨겨진 의미를 알려줘서 공연을 잘 즐길 수 있도록 해야겠다. 공연에서 각 멤버별 매력이 무엇인지 짚어 봐야지.
글쓰기	주말 오후, 조용한 카페에서 다이어리에 글을 쓰다 보면 마음이 편해진다.	좋아하는 문구류를 챙기고 창가 자리에 앉아서 다이어리를 채우는 모습을 Cinematic ASMR 콘텐츠로 담아야겠다.

대중에게 알려지는 것이 두렵나요?

누군가 나를 알아볼까 걱정하는 이유는 크게 두 가지로 나뉩니다. 먼저 지인이 알아보는 것이 두려운 경우입니다. 친구들이 영상 속의 나를 어떻게 생각할지, 구독자 수가 너무 적은 것에 대한 민망함, 혹은 회사에서 알게 되었을 경우 불이익을 받지 않을까 하는 염려가 드는 것이죠. 하지만 뭐든 첫술에 배부를 수 없습니다. 아무리 유명한 크리에이터라도 다들 첫 영상이 있었던 것처럼 말이죠. 지인이 비웃을까봐 마음 졸이지 말고, 다른 사람의 시선에 대한 고민은 잠시 접어 두세요. 유튜브에는 실제로 하지 않으면 절대로 알 수 없는 경험과 느낌이 있습니다. 유튜브를 직접 해보지도 않은 사람의 시선이 두려워서 망설이다 보면 소중한 경험의 기회를 놓치게 됩니다.

혹시 지인 중에 유튜브를 먼저 시작한 크리에이터가 있다면 '영상 만드는 일이 생각보다 쉽지 않더라'라고 진정성 있게 이야기해 보세요. 대부분의 크리에이터는 굉장히 반가워할 거예요. 크리에이터의 고충을 알아주는 사람을 찾는 건 어려운 일이기 때문이죠. 아마 기쁜 마음으로 여러분의 고민에 함께 머리를 맞대 줄 겁니다.

회사에서 알게 될까 봐 걱정이 된다면 꼼꼼한 사전 조사가 필요합니다. 회사 취업규칙에 '겸업 금지 조항'이 있다면 유튜브 시작으로 불이익을 받을 수 있습니다. 하지만 조항이 있더라도 운영하는 채널로 수익을 내고 있지 않음을 증명하거나, 콘텐츠가 업무와 관련이 있다면 문제를 해결할 수 있습니다. 가장 좋은 방법은 회사와 사전 협의를 하는 것입니다. 최근에는 유튜브 활동을 적극적으로 장려하는 경우도 많아졌습니다. 홍보와 마케팅에 효과가 있기 때문입니다. 그런데 현실을 들여다보면 취업 규칙보다 더 무서운 것이 동료들의 시선입니다. 회사에서 자칫 피곤한 기색을 보이면 '유튜브 하느라 그런 것 아니야?'라는 핀잔을 받을 수 있습니다. 아니라고 하기에도 맞다고 하기에도 곤란한 상황이 생기는 거죠. 그래서 자신을 더 잘 관리하고 공사를 구분하는 태도가 필요합니다. 자영업자나 프리랜서도 비슷한 시선을 받을 수 있습니다. 서비스에 부족한 부분이 생겼을 때 유튜브 운영을 탓하는 고객이 가끔씩 있습니다.

대중이 자신을 알아보는 것에 대한 두려움도 있습니다. 사실 유튜브 채널을 운영해 보면 예상보다 훨씬 더디게 조회 수와 구독자 수가 올라갑니다. 그렇기 때문에 일상에서 대중이 나를 알아보는 경우는 거의 없습니다. 실제로 100만 채널을 운영하는 크리에이터라도 대중들은 잘 알아보지 못합니다. 혹시 어느 순간 시청자가 나를 알아보는 일이 생긴다면 아마 감사한 마음이 먼저 들 겁니다. 내 콘텐츠를 보고, 나를 알아 봐주는 대상을 만나는 건 그렇게 두려운 일이 아니랍니다. 악플에 대한 걱정도 있습니다. 하지만 조회 수와 구독자 수를 늘리는 것만큼이나 댓글이 달리는 것도 어려운 일입니다. 이제 막 영상을 업로드하기 시작하면 댓글이 거의 달리지 않습니다. 그래도 악플이 걱정된다면 영상을 통해 건전한 비판과 비평 외에는 댓글을 받지 않겠다고 표현해 주세요. 악플을 삭제하거나 신고하는 등 크리에이터의 안전을 지키기 위한 방법도 다양합니다. 극단적인 방법으로 댓글 창을 막을 수도 있습니다.

그래도 여전히 불안하다면 여러분의 걱정을 정량적으로 확인할 수 있는 체크 리스트를 알려드릴게요. 질문에 '아니요'라는 대답이 많을수록 다른 사람이 나를 알아볼 확률은 줄어들 겁니다. 체크 리스트를 활용해서 '아니오'가 많은 영상을 기획하는 것도 두려움을 없애는 좋은 방법입니다.

■ 얼굴이 알려지는 것이 두려운 예비 유튜버를 위한 체크 리스트

체크 리스트	예	아니요
1. 얼굴이 나오는 영상을 촬영했는가?		
2. 체형, 헤어스타일 등을 통해 나를 알아볼 수 있는가?		
3. 영상 속에 자신의 목소리가 등장했는가?		
4. 목소리가 매우 특이한가?		
5. 말투가 매우 독특한가?		
6. 이름, 사인 등 나를 알 수 있는 정보가 등장했는가?		
7. 직업, 수상 경력, 나이, 학교 등 여러 개의 정보가 모여 나를 식별할 수 있는 내용이 있는가?		
8. 나만 가지고 있는 제품이 등장했는가? (한국에 3대 밖에 없는 자동차, 영상 속에서 만든 DIY 제품 등)		
9. 유명 건물이나 풍경이 등장하는가? (창문 밖으로 보이는 건물의 모습이나 풍경으로 사는 곳을 확인하는 경우가 있기 때문에)		
10. 지하철역, 프랜차이즈 ○○점, 버스 정류장 등 집 주소를 파악할 수 있는 정보가 촬영되어 있는가?		
11. 점, 흉터, 문신 등 나를 특정할 수 있는 신체 부위가 등장하는 장면이 있는가?		
12. 지인들이 나를 알 수 있는 이야기가 나오는가?		

촬영이나 편집은 기술의 영역이기 때문에 초보자일 경우 접근이 쉽지 않습니다. 관련 공부를 하는 것이 가장 좋은 방법이지만, 본격적인 공부 시간을 할애하다 보면 유튜브 시작과 또 거리가 멀어집니다. 사실 이건 제 경험담입니다. 유튜브를 시작하겠다고 마음먹고 실천에 옮기기까지 2년이 넘게 걸렸습니다. 심지어 촬영이나 편집을 전혀 모르는 상태도 아니었지만, 아직 부족하다는 생각이 저를 시청자로 머물게 했습니다. 제 경험에 비춰보아, 촬영이나 편집 공부를 한다면 그때그때 알게 된 내용을 적용하면서 유튜브 영상을 만들어 보길 강력하게 말씀드립니다. 공부와 유튜브를 병행해야 합니다. 일단 찍어보고 무엇이 부족한지 확인하면서 필요한 부분을 배워가는 방식이 가장 이상적인 유튜브 공부 방법입니다.

누군가는 잘못된 습관이 들면 나중에 고치기 어려우니 처음부터 전문가에게 제대로 배우라고 합니다. 이것도 일리가 있는 말입니다. 하지만 유튜브는 빠르게 변하는 플랫폼입니다. 살아있는 유기체 같은 곳이죠. 채널을 운영하면서 공부를 같이 하는 것이 노하우를 익히는 데 훨씬 유리합니다. 실제로 엄청난 구독자를 보유한 크리에이터 중에는 촬영 이론을 모르는 분도 있습니다. 하지만 이론적인 개념이나 용어는 모르더라도 수백 개의 영상을 제작하며 알게 된 실전 노하우를 가지고 있죠. 이론적인 지식은 부족할지 몰라도 콘텐츠에 대한 이해가 높다면 많은 시청자를 구독자로 만들 수 있습니다. 지금은 촬영과 편집에 대한 내용을 체계적으로 배울 수 있는 환경이 조성되었습니다. 그런데 아이러니하게도 이 '잘 갖춰진 환경' 때문에 유튜브 시작을 뒤로 미루는 일이 또 발생합니다. 그러니 지금 당장 카메라를 켜세요. 스마트폰도 훌륭한 카메라입니다. 콘텐츠 하나를 완성하고 업로드해야 비로소 크리에 이터라고 할 수 있습니다.

기본 촬영 기술

체계적인 단계를 밟아 촬영을 공부하고 싶다면 아래 기술을 먼저 익히기 바란다.

1. 고정된 화면을 찍는 방법(삼각대 사용법, 짐벌 사용법)
2. 카메라의 초점과 노출을 조정하는 방법
3. 틸트, 줌, 패닝 등 카메라를 움직이는 방법
4. 클로즈업 샷, 바스트 샷, 롱 샷 등 샷의 크기에 대한 이해
5. 하이 앵글, 스탠더드 앵글, 로우 앵글 등 촬영 각도에 대한 이해

편집에 대한 두려움을 낮춰주는 4가지 셀프 체크

많은 예비 유튜버가 촬영보다 더 어렵게 생각하는 것이 편집입니다. 편집은 심리적 장벽이 높습니다. 스마트폰의 대중화로 영상 촬영에 대한 경험은 많이 늘어난 반면, 편집은 사람마다 경험치가 매우 다릅니다. 저도 편집 강의를 할 때 다른 수업보다 수강생에게 많은 질문을 합니다. 초보 유튜버라도 편집 역량에 대한 편차가 커서, 적정한 수준을 잡고 진도를 나가야 하기 때문입니다. 지금부터 다음 질문에 함께 답변하면서 편집에 대한 마음의 허들을 낮춰 보길 바랍니다.

1) 어떤 기기를 선호하는가? : 스마트폰, 태블릿 PC, 데스크톱 컴퓨터

어떤 기기를 선호하느냐에 따라 내게 맞는 편집 프로그램 선정이 쉬워집니다. 평균적으로 유튜브를 시작할 때 가장 선호하는 편집 기기는 스마트폰입니다. 익숙하게 사용했고, 언제 어디서나 편집이 가능하기 때문이죠. 스마트폰을 사용할 경우 편집 프로그램이 앱(App)이기 때문에 상대적으로 쉬울 것 같은 느낌도 듭니다. 하지만 스마트폰 앱은 작은 화면에 여러 메뉴가 들어있기 때문에 섬세한 편집이 어렵습니다. 자막을 쓰는 것도 매우 수고스러운 작업이 됩니다.(자막 문제를 해결하기 위해서 키보드를 연결하는 방법이 있다.) 그래서 스마트폰 편집을 어느 정도 해본 후에는 다른 기기에 관심을 갖게 됩니다. 바로 태블릿 PC입니다. 스마트폰의 앱(App)을 그대로 쓰면서 사용상의 편리함을 얻을 수 있기 때문이죠. 세밀한 편집이 필요하거나 다양한 자막을 넣어야 한다면 컴퓨터가 좋습니다. 컴퓨터로 편집하려면 프로그램에 따라 필요한 CPU, RAM, 그래픽카드 등을 잘 따져봐야 합니다. 전문적인 편집을 원하거나, 촬영 영상의 해상도가 높은 경우라면 컴퓨터가 가장 좋은 선택입니다.

편집이 어렵게 느껴지는 건 이제까지 잘 해보지 않았던 낯선 일이기 때문입니다. 우선은 가볍게 스마트폰으로 시작해 보기 바랍니다.

2) 이전에 다뤄본 프로그램이 있는가?

한 번이라도 편집 프로그램을 사용해 봤다면 보다 쉽게 편집의 개념을 잡을 수 있습니다. 여러 프로그램이 있지만 기본적인 편집 방식은 비슷하기 때문입니다. 하나의 프로그램을 제대로 마스터하면 더 까다로운 프로그램도 금방 배울 수 있습니다. 프로그램을 고를 때는 '뭐가 더 좋다, 나쁘다'보다는

'나와 잘 맞는가'를 기준으로 생각하기 바랍니다. 시청자가 '이 영싱은 키네마스터로 만들었군', '이 영상은 파이널 컷 같은데?'라고 생각하는 경우는 거의 없습니다. 그러니 마음 편하게 시작하길 바랍니다.

스마트폰 태블릿 PC	□ 키네마스터 □ 블로 □ 비바비디오 □ 캡컷 □ 루마퓨전
데스크톱 컴퓨터	□ 프리미어 프로CC □ 윈도우 무비메이커 □ 파워디렉터 □ 다빈치리졸브 □ 뱁믹스 □ 모바비 □ 필모라 □ 브류 □ 파이널 컷

3) 편집 프로그램에 얼마의 비용을 투자할 것인가?

가장 많이 사용하는 편집 프로그램인 프리미어 프로 CC의 경우 월 구독제 서비스입니다. 프리미어 프로 CC의 경우 한 달에 2~7만 원, 파이널 컷은 한 번 구매하는데 40만 원 정도의 비용이 드니까 초보 유튜버의 입장에서는 비용적인 부담이 될 수 있죠.(스마트폰 프로그램도 월 구독 형태로 돈을 지불하는 경우가 많습니다.)

비용적인 부담이 있다면 일단 무료 프로그램을 사용하는 것이 좋은 대안입니다. 무료 프로그램으로도 얼마든지 멋진 유튜브 콘텐츠를 제작할 수 있습니다. 하지만 화려하고 다양한 편집을 구현하고 싶다면 유료 프로그램을 합법적으로 구매하는 것이 가장 좋습니다.

어떤 프로그램을 구매할지는 구상하는 콘텐츠 스타일과 예산에 따라 결정해야 합니다. 편집 프로그램으로 무엇을 골라야 할지 고민될 때는 트라이얼

(trial) 버전이나 무료 프로그램을 한두 개 사용해 보고 비교하는 것이 좋습니다.

4) 영상 한 편을 위해 얼마의 시간을 할애할 수 있는가?

생각보다 편집은 시간이 오래 걸리는 작업입니다. 촬영본의 길이, 영상 개수, 편집 스타일, 편집 능숙도, 완성본의 길이에 따라 시간 차이가 많이 납니다. 그렇다고 무한정 편집 시간을 늘릴 수는 없습니다. 정해진 시간 내에 영상을 편집해야 계획적인 채널 운영이 가능합니다.

저는 편집 시간을 효율적으로 활용하기 위해 앞에서 말씀드린 스마트폰, 태블릿 PC, 데스크톱 컴퓨터를 모두 사용합니다. 시간적 여유가 있거나, 팀원과 나누어 작업하거나, 영상 해상도가 높은 경우에는 주로 컴퓨터에서 프리미어 프로 CC를 사용합니다. 이동하면서 편집해야 하는 경우는 아이패드를 사용하고, 짤막하게 강의용 예시를 만들거나 친구나 가족과 영상을 나눌 때는 스마트폰 편집 프로그램을 가장 많이 씁니다.

시간이 나지 않거나 편집 시간이 너무 오래 걸린다고 판단되면 전문 편집자와 협업하는 것도 좋은 방법입니다. 단, 적절한 보상과 협의가 이뤄져야 합니다. 최근에는 재능마켓, 크몽 등을 통해 편집자를 구하는 크리에이터가 늘어나고 있습니다. 전문 편집자가 있다면 크리에이터는 기획과 촬영에만 집중할 수 있어서 콘텐츠의 질이 향상되는 장점이 있습니다. 반면 협의가 잘 이뤄지지 않는 경우, 오히려 시간과 비용을 낭비하는 일이 발생합니다. 그렇기 때문에 누군가에게 외주를 맡길 때도 크리에이터가 편집의 기본은 이해하고 있어야 만족할 만한 결과를 얻을 수 있습니다.

"타이틀과 썸네일만 바꿔도 조회 수가 달라집니다."

김형진 교수

2교시
마음을 사로잡는 타이틀과 썸네일

1. 입소문의 비밀 : 타이틀과 썸네일

2. 공유를 부르는 타이틀 만들기

3. 클릭을 부르는 썸네일 만들기

4. 노출을 만드는 메타데이터

1. 입소문의 비밀 : 타이틀과 썸네일 ▶

입소문의 비밀

유튜브를 잘 하기 위해서는 마케팅 공부가 필요합니다. 그리고 이 마케팅 요소가 가장 많이 반영되는 곳이 바로 타이틀과 썸네일입니다. 타이틀은 말 그대로 영상의 제목을 의미하고, 썸네일은 영어로 '엄지손톱(Thumbnail)'을 나타내는 단어인데 인터넷에서는 견본 이미지를 의미합니다.

쉽게 생각하면 유튜브에 들어갔을 때 제목 옆에 보이는 이미지가 썸네일입니다. 우리가 책을 살 때 관련 내용을 잘 모른다면 제목과 겉표지가 결정적인 구매 요소로 작용하는 것처럼, 유튜브 썸네일과 타이틀도 이런 역할을 합니다. 시청자가 영상을 볼 것인가 그냥 지나칠 것인가는 썸네일과 타이틀이 결정합니다. 타이틀의 경우 영상의 검색어 역할까지 하고 있으니 촬영과 제작

못지않게 중요한 작업임을 꼭 기억해야 합니다.

유튜브를 처음 시작하는 경우 썸네일과 타이틀을 정하는 게 간단한 일이 아닙니다. 초보 유튜버의 경우 '20241225'같이 타이틀에 일자를 포함하는 실수를 하기도 합니다.

그렇다면 좋은 썸네일과 타이틀은 무엇일까요? 제가 생각하는 정답을 한 마디로 말씀드리면 '매력이 있어야 한다'는 것입니다. 사실 말은 쉽지만 매력을 표현하는 것은 여간 어려운 일이 아닙니다. 그럼에도 좋은 타이틀과 썸네일을 작성하는 몇 가지 방법이 있습니다. 지금부터 구체적으로 알아보겠습니다.

2. 공유를 부르는 타이틀 만들기 ▶

반전이 있는 타이틀

만약 그동안 봤던 영상 중 가장 마음에 들었던 타이틀이 무엇인지 물어본다면, 저는 '20대 의대생, 어쩌다 아기 엄마'라고 대답할 겁니다. 특히 중간에 들어간 '어쩌다'라는 표현은 특별한 사연이 있을 것 같아서 시청자의 궁금증을 자아내죠. 실제로 이 영상은 엄청난 조회 수를 기록했고, 구독자를 10만 명 이상 만들어 냈습니다. 단순히 조회 수를 넘어 구독자까지 늘릴 수 있었던 이유는 타이틀뿐만 아니라 콘텐츠 자체가 매력적이었기 때문입니다. 그럼에도 저는 '20대 의대생, 어쩌다 아기 엄마'라는 타이틀이 영상을 클릭하게 만드는데 70% 이상 기여했다는 생각이 드네요.

호기심을 자극하는 타이틀

제가 '꽁병지' 채널을 운영할 때, 10대 학생과 함께 축구를 하는 '지구 특꽁

대'라는 콘텐츠를 진행한 적이 있습니다. 하루는 '○○고등학교에 다녀왔습니다'라는 타이틀로 영상을 업로드했는데, 평소보다 조회 수가 낮게 나왔습니다. 조회 수가 저조한 이유를 고민하다 타이틀을 '핵인싸 여고생 축구 실력에 다 놀람, 저 남친이랑 맨날 축구해요'라고 바꿔보자는 결론을 냈죠.

어떻게 되었을까요? 영상 조회 수가 200만이 넘는 결과를 얻었습니다. 과연 두 타이틀은 어떤 차이가 있었을까요? '○○고등학교에 다녀왔습니다'의 경우는 관심을 가질만한 대상이 고등학생, 10대, ○○고등학교 인근에 사는 사람 정도였을 것입니다. 하지만 '핵인싸 여고생 축구 실력에 다 놀람, 저 남친이랑 맨날 축구해요'라는 타이틀은 축구에 관심 없는 사람도 호기심으로 클릭해 볼 만한 요소가 있었던 겁니다. 이렇게 타이틀 하나만 바꿔도 조회 수에 막대한 영향을 주는 경우가 자주 있답니다.

공감대를 만드는 타이틀(키워드 분석 툴 활용)

사람들이 자주 하는 착각이 있습니다. '내가 좋아하는 건, 다른 사람도 좋아할 거야'라는 생각입니다. 하지만 사람마다 취향은 모두 제 각각이고, 같은 물건을 보고도 머릿속에 떠오르는 단어는 모두 다를 수 있습니다. 그렇다면 어떻게 보편적인 대중의 생각과 취향을 파악할 수 있을까요? 정답은 바로 데이터를 이용하는 것입니다. 내 취향대로 추론하는 것이 아니라 데이터를 기반으로 키워드를 분석하면 시청자의 생각과 취향을 발견할 수 있습니다. 그리고 해당 키워드를 포함한 타이틀을 만들면 내 영상의 노출 확률이 높아집니다. 예를 들어 '자수'를 놓는 영상을 업로드할 경우, '자수'와 관련된 키워드를 분석해 보는 겁니다. 실제로 '자수'라는 키워드보다 '프랑스 자수'가 2배가량 검색량이 많은 것을 발견할 수 있습니다. 결론적으로 영상 타이틀에 그냥 '자수'보다는 '프랑스 자수'라는 키워드가 포함되면 내 영상이 검색될 가능성이 더 높아집니다. 아래 정리한 키워드 검색 사이트를 참고해서, 객관적인 데이터를 기반으로 키워드를 찾는 연습을 해보기 바랍니다.

키워드 분석 대표 사이트 알아보기

1. 블랙키위(Blackkiwi)
유튜브만을 위한 검색 사이트는 아니지만 알아보고자 하는 키워드의 전반적인 동향을 파악할 수 있다. 월간 검색량, 콘텐츠 발생량, 예상 검색량은 물론 연령별, 성별 검색 비율 등 상세한 내용을 그래프로 보여주기 때문에 키워드에 대한 전체적인 정보 확인에 유용하다.

2. 구글 트렌드(Google Trends)
구글의 대표적인 트렌드 분석 사이트로, 찾아보고자 하는 키워드의 관심도 변화를 기간별로 설정할 수 있고 검색 국가를 대한민국이 아닌 다른 나라로 설정할 수도 있다. 또한 내가 알아보려는 검색어와 관련된 실시간 인기 연관 검색어를 파악할 수 있다.

3. 키워드 툴(Keyword Tool)
유튜브뿐만 아니라 구글, 아마존 등의 키워드도 검색할 수 있는 사이트다. 무료 버전에서도 꽤 많은 연관 검색어 결과를 볼 수 있으며 사용 방법이 간단해서 실제로 많은 유튜버들이 애용하는 사이트이다.

유튜브 강의와 컨설팅을 진행하면 썸네일 제작에 관한 질문을 정말 많이 받습니다. 솔직히 말씀드리면 썸네일 제작은 타이틀을 만드는 것보다 더 어렵습니다. 타이틀은 사람을 끌어드릴 수 있는 문구만 고민하면 되지만, 썸네일은 이미지가 추가되기 때문입니다. 누군가는 '이미지로 보여주는 게 표현하기 더 쉽지 않나요?'라고 물을 수도 있지만, 실상은 그렇지 않습니다. 그럼에도 그동안 반응이 좋았던 썸네일의 공통적인 3가지 조건을 알아보겠습니다.

가독성이 좋은 썸네일

한국 유튜버들은 썸네일에 글씨가 포함된 이미지를 주로 사용합니다. 이미지 안에 강조된 글씨가 있으면 확실히 눈에 띄는 효과가 있죠. 특히 핸드폰으로 유튜브를 보는 경우를 떠올려 보세요. 텍스트 형태의 타이틀보다는 이미지가 있는 썸네일에 시선이 가고, 썸네일 안에 호기심을 자극하거나 흥미로운 문구가 있다면 클릭해 보고 싶은 욕구가 더욱 커질 겁니다.

썸네일에 텍스트를 넣을 때 주의해야 할 점이 있습니다. 간혹 브이로그 채널을 보면 필기체로 글씨를 적은 썸네일이 있는데, 이미지와 함께 있어서 글 내용이 잘 안 보이는 경우가 많습니다. 썸네일에 텍스트를 추가할 때는 필기체보다는 가독성이 좋은 글씨체를 사용하는 게 좋습니다. 그래야 여러분이 전달하려는 내용을 명확하게 보여줄 수 있습니다.

이미지가 크게 강조된 썸네일

유튜브에 영상을 업로드할 때 크리에이터는 이미 영상의 내용을 잘 알고 있습니다. 이 사실 때문에 많은 초보 유튜버가 썸네일 작업에서 하는 실수가 있는데, 내용과 관련성이 높지 않은 이미지를 사용하는 것입니다. 크리에이터가 아닌, 구독자와 시청자는 업로드될 영상의 내용을 전혀 알지 못합니다. 그렇기 때문에 위에서 언급한 가독성과 마찬가지로 영상의 내용을 한눈에 보여주는 이미지를 선택해야 합니다.

예를 들어 요리법을 알려주는 영상을 만들었다면 테이블 위에 놓인 수많은 음식 사진을 올리는 것이 아니라, 여러분이 포인트로 잡고 있는 음식 사진만 크게 노출했을 때 효과가 더 좋습니다. 강의 영상을 찍었다면 예비 시청자가 가장 궁금해할 만한 장면을 캡처하고, 그중에서도 특정 요소를 강조하면 빠르게 지나가는 스크롤 속에서 시청자의 시선을 사로잡을 확률이 높아집니다.

썸네일은 테스트와 변경이 가능합니다

위에서 알려드린 두 가지가 '노출'에 관련된 이야기라면, 마지막은 '방법'

에 관한 이야기입니다. 당연한 말이지만 썸네일 제작에는 정답이 없습니다. 채널의 썸네일을 한 가지 형태로 정형화하는 것도 말이 안 됩니다. 그래서 끊임없는 테스트가 필요합니다. 저는 영상을 올릴 때 최소한 2가지 썸네일을 만들어 놓고 업로드를 합니다. 생각만큼 조회 수가 나오지 않거나 평소보다 반응이 없을 때 썸네일을 교체하기 위해서입니다. 이때 중요한 것은 단순히 다른 이미지로 교체하고 끝내는 것이 아닙니다. 클릭률이 좋았던 이미지와 그렇지 않은 이미지의 폰트, 글귀, 사진 크기, 이미지 위치 등을 하나하나 비교하면서 여러분의 구독자가 어떤 취향의 썸네일을 좋아하는지 파악해야 합니다. 이런 과정을 통해 썸네일에 대한 나름의 노하우를 쌓을 수 있습니다. 썸네일 반응은 '노출 클릭률'을 통해 수치적으로 파악할 수 있는데, '노출 클릭률'이 높아질 때까지 계속적인 분석과 수정 보완이 필요합니다.

지금까지 영상 노출과 클릭에 중요한 역할을 하는 타이틀과 썸네일에 대해서 알아보았습니다. 결론적으로 여러분의 콘텐츠가 많은 사람에게 노출되고 싶다면 딱 하나만 기억하기 바랍니다.

'내 영상을 사람들이 서로에게 공유하고 싶을까?'

서로 공유한다는 것은 다양한 의미가 있습니다. 재미와 웃음을 함께 나누고 싶은 것, 유용한 정보를 전달함으로써 누군가에게 도움이 되고 싶은 것, 관심 분야의 수준 높은 영상으로 나의 지적인 모습을 보여주고 싶은 것, 함께 나눌 이야깃거리를 만드는 것 등 다양한 목적이 충족되었을 때, 시청자는 영상을 공유합니다. 결국 사람들 사이에서 입에 오르내릴 만한 꺼리를 만들었는지 생각해 보면 여러분이 만든 썸네일과 타이틀의 가치를 스스로 평가할 수 있을 겁니다.

4. 노출을 만드는 메타데이터 ▶

메타데이터의 3가지 특성

메타데이터를 유튜브에 한정해서 생각하면 '영상을 빠르고 효율적으로 찾을 수 있도록 해주는 검색 장치'라고 할 수 있습니다. 좁게 보면 제목, 설명, 태그, 해시태그, 넓게 보면 노출과 관련된 썸네일 등을 포함합니다.

메타데이터는 기본적으로 '검색량, 경쟁, 연관성'이라는 3가지 특성을 갖고 있습니다. '검색량'은 말 그대로 사용자가 검색하는 비중을 나타내는 것입니다. 여러분이 아무리 좋은 키워드를 만들어도 검색하는 사람이 적다면 그 키워드는 잘 노출되지 않습니다. 그럼 무조건 많이 검색되는 키워드를 사용하면 될까요? 그렇게 하면 이번에는 '경쟁' 부분에서 밀리게 됩니다. 태그와 해시태그 또한 사용자의 검색을 도와주는 메타데이터이기 때문에 반드시 내 영상이나 채널과의 '연관성'이 있어야 합니다. 그럼 어떻게 하면 효과적으로 메타데이터를 활용할 수 있을까요?

이제 막 유튜브를 시작하는 분이라면 메타데이터를 작성할 때 '나만의 키워드 리그'를 만들어보는 것을 추천합니다. 예를 들어 '케이크'라는 단어를 1부 리그라고 생각해 보겠습니다. 그럼 2부와 3부 리그는 '케이크 추천', '케이크 맛집' 정도가 될 수 있겠네요. 초보 유튜버의 경우 빠른 노출을 노려볼 수 있는 리그는 2부, 3부도 아닌 7부 리그 정도로 생각하면 좋습니다. '케익', '케잌' 등과 같이 낮은 리그에 있어 검색량은 적지만 그만큼 내 영상이 노출될 가능성은 높아지는 방법을 사용해 보는 것이죠.

이렇게 낮은 리그의 키워드로 시청자를 모으다 보면 언젠가 여러분의 영상이 1부 리그에 있는 키워드로 노출되는 순간이 옵니다. 그때까지는 '먹방, 여행, 브이로그' 같은 키워드가 아니라 세부적이고 작은 키워드를 찾아서 일단 영상을 노출하는 것에 힘써 보기 바랍니다.

끝으로 메타데이터를 작성할 때 주의해야 하는 점을 말씀드리겠습니다. 간혹 내 영상이나 채널과 전혀 관련이 없지만, 최근 이슈나 인기 키워드를 여기저기 숨겨놓는 경우가 있습니다. 그런데 유튜브는 생각보다 정교한 알고리즘을 갖고 있어서, 사용자가 원하는 영상을 쏙쏙 찾아줄 수 있도록 매번 진화합니다. 이 과정에서 콘텐츠와 관련 없는 메타데이터가 들어간 영상은 검색에서 뒤로 밀려나거나 심할 경우 삭제 등의 불이익을 받을 수 있습니다. 그렇기 때문에 무조건 많은 키워드를 마구잡이로 나열하기보다는 앞서 말씀드린 것처럼 확실한 키워드로 차근차근 성장해 가야 한다는 점을 다시 한번 강조 드립니다.

"영상을 업로드하셨나요? 이제 조회 수를 높여보세요."

강민형 교수

3교시
업로드 이후가 진짜 실력

1. 조회 수가 안 나오나요?
   이것을 확인해 보세요.

2. 커뮤니케이션 관리하기

1. 조회 수가 안 나오나요? 이것을 확인해 보세요. ▶

조회 수가 안 나오나요? 이것을 확인해 보세요!

찍고 싶은 주제를 정하고 야심 차게 유튜브에 도전했지만, 조회 수나 구독자 수가 원하는 만큼 나오는 건 매우 어려운 일입니다. 어느 정도 유튜브를 알고 있고 관련 서적이나 강의도 찾아보며 정보를 모았는데, 무엇이 문제인지 알쏭달쏭합니다. 이때 기획, 촬영, 편집에 큰 문제가 없다면 들여다 봐야 할 부분은 바로 '업로드'입니다. 같은 영상이라도 업로드가 달라지면 조회 수가 높아질 수 있습니다. 주로 확인해야 하는 것은 앞에서 알아본 '메타데이터'입니다. 그중에서도 조회 수에 가장 큰 영향을 주는 썸네일을 한 번 더 체크해 보겠습니다. 아래 질문을 보고 여러분의 썸네일을 확인해 보세요.

1) 자동 선택된 썸네일이 아닌 맞춤 이미지를 사용했는가?

유튜브에서 실적이 높은 영상의 90%는 맞춤 미리 보기 이미지, 즉 크리에이터가 직접 만든 썸네일을 사용합니다. 모바일에서 보든, 컴퓨터에서 보든,

TV에서 보든 어디서나 이미지가 잘 보이고 핵심적인 내용이 포함된 썸네일이 좋습니다.

2) 영상에 얼굴이 등장한다면, 썸네일에 크리에이터의 얼굴을 넣었는가?

영상 속에 인물이 등장한다면, 등장인물이 클로즈업된 이미지가 클릭이 잘 일어납니다. 썸네일이 없는 Shorts 영상을 제외하면 대부분의 인기 영상은 등장인물의 얼굴이 잘 드러나는 이미지를 사용하고 있습니다.

3) 얼굴이 등장하지 않는다면, 영상의 내용을 잘 드러내는 이미지를 사용했는가?

애니메이션이나 그림, 반려동물, 장난감도 표정이 생생하게 드러나는 썸네일로 사용할 수 있습니다. 만약 영상의 소재가 표정을 표현하지 못하는 경우라면 영상의 내용을 가장 잘 반영하는 이미지를 사용하는 것이 좋습니다.

4) 텍스트가 없어도 충분히 흥미로운가?

텍스트 없이 이미지만으로도 시청자가 영상을 선택하고 싶은지 스스로에게 질문해야 합니다. 썸네일에 텍스트가 있으면 시청자의 눈길을 사로잡기 좋지만, 오히려 글자가 이미지를 방해하는 경우도 있습니다. 이때는 이미지가 충분히 흥미로운지 생각해 보고 텍스트를 과감하게 지우는 것도 좋은 방법입니다.

5) 시청자가 궁금할 만한 제목을 사용했는가?

시청자가 궁금해하는 제목은 의문문으로 답을 알고 싶게 하는 경우, 순위와 랭킹이 들어가서 1위를 궁금하게 하는 경우 등 다양합니다. 나는 어떤 제목에 이끌려 유듀브 영상을 시청했는지 생각해 보고 그 채널의 전략을 벤치마킹해 보세요.

6) 클릭하고 싶은 이미지와 제목의 조합인가?

채널이 식당이고 콘텐츠가 음식이라면 썸네일과 제목은 간판입니다. 썸네일과 제목의 조합이 영상을 보고 싶게 하는지, 연관성이 있는지 확인해야 합니다. 그리고 썸네일과 타이틀을 통해 보여주겠다고 한 내용이 콘텐츠에 반드시 포함되어야 합니다. 불고기 간판을 보고 식당에 들어왔는데, 채소만 판매한다면 시청자 입장에서는 화가 날 수도 있으니까요.

2. 커뮤니케이션 관리하기 ▶

커뮤니케이션 관리도 크리에이터의 능력입니다

유튜브 채널은 시청자와 호흡하는 공간입니다. 영상을 업로드한 후에도, 내 채널은 시청자의 의견을 들을 준비가 되어있고, 나아가 시청자의 의견을 수렴하고 있다는 사실을 알려주세요. 물론 악플까지 모두 수용해야 하는 것은 아닙니다. 열린 자세는 시청자에게 친근감을 주고 구독자가 되게 합니다. 썸네일 체크 리스트처럼 업로드 후 기억하면 좋은 커뮤니케이션 체크 리스트를 준비했습니다.

1) 업로드 후 댓글이 달렸는가?

영상 시청 후, 댓글을 달아주는 시청자가 있다면 감사한 마음으로 어떤 댓글이 달렸는지 확인해 보세요. 댓글의 수가 적어도 괜찮습니다. 사실 댓글을 다는 건 상당히 귀찮은 일이기 때문에 시청자는 재미있게 영상을 봤더라도 댓글을 달지 않을 수 있습니다.

2) 댓글을 읽었다고 표현했는가?

댓글이 달렸다면 채널 운영자가 읽었음을 표현해야 합니다. '하트'나 '좋아요'를 누르거나, 간단한 답글을 달아주세요. 시청자는 이런 소통에 감사함을 느낀답니다. 또 댓글에 반응이 달리면 다음 영상이 올라왔을 때 시청할 확률도 높아집니다.

3) 시청자에게 공유할 만한 댓글이 있는가?

댓글 고정은 보통 크리에이터가 공지를 알리기 위해 사용합니다. 하지만 공지가 아니더라도 다른 사람에게 보여주고 싶은 시청자의 댓글이 있다면 고정 기능을 써보기 바랍니다. 좋은 홍보 효과가 있습니다. 시청자의 응원, 힘이 되는 내용, 크리에이터가 미처 몰랐던 정보 등을 고정해 주면 좋습니다.

4) 심한 욕설이나 말도 되지 않은 악플은 없는가?

심한 악플이 있는 경우 삭제하는 것이 좋습니다. 크리에이터 본인이 스트레스를 받을 뿐만 아니라 시청자 역시 악플을 보고 불쾌함을 느끼기 때문입니다. 심하면 채널에 대한 여론이 나쁜 방향으로 형성되기도 합니다. 특히 욕설이 담긴 악플은 무조건 삭제하길 바랍니다. 악플로 인해 심신적으로 큰 상처를 받았다면, 삭제 전에 캡처해서 나중에 신고할 수 있는 자료로 저장해두는 것도 괜찮습니다. 스트레스가 극에 달한다면 절대 혼자 참지 말고 법적 자문이나 상담을 할 수 있는 분과 만나야 합니다. 악플은 크리에이터의 잘못이 아님을 기억해 주세요.

5) 악플인지 아닌지 애매한가?

건설적인 비판인지 악플인지 조금 헷갈리는 경우가 있습니다. 이럴 때는 자신만의 기준을 확실히 정하는 게 좋습니다. 내 기분에 따라 거슬리는 댓글을 지운다면 그건 일관성 있는 채널 운영이라고 할 수 없습니다.

저의 경우, '외모, 체형, 성별, 출신 학교, 출신 지역, 민족, 종교, 피부색, 나이' 등 내가 바꿀 수 없는 부분에 대해 변화를 요구한다면 아무리 예쁘게 말해도 악플이라고 판단합니다.

"저작권 침해, 알아야 예방할 수 있습니다."

강민형 교수

4교시
반드시 알아야 할 유튜브 저작권

1. 저작권을 알아야 오래갑니다.

2. 이것도 저작권 침해인가요?

3. 사례로 보는 저작권 침해와 예방법

1. 저작권을 알아야 오래갑니다.　▶

저작권을 알아야 오래갑니다

유튜브 영상을 제작할 때는 자신이 직접 만들었거나 사용 허가를 받은 음악, 소스 등을 사용해야 합니다. 이것은 저작자의 권리를 보호하기 위한 매우 당연한 일이지만, 저작권을 잘 몰라서 지키지 못하는 경우도 자주 발생합니다. 저작권자의 허락을 받지 않은 상태에서 '영화 화면을 쓰면 홍보 효과가 있지 않느냐?'라든가 '음악을 쓰면 더 많은 사람이 들을 수 있으니 좋은 것 아닌가?'라는 생각이 자연스럽게 들 수 있습니다. 그러나 이런 생각은 저작물을 사용하고 싶은 사람의 판단일 뿐, 저작권자의 생각은 알 수 없습니다. 홍보 효과도 확신할 수 없고요.

콘텐츠를 만들다 보면 빠르고 쉽게 콘텐츠를 제작하기 위해서, 혹은 더 재미있는 영상을 만들고 싶은 욕심에 저작권을 무시하는 경우가 종종 발생합니다. '소위 말하는 짤이 들어가면 웃긴데, 그게 빠지면 영상이 재미없다'라든가, '다른 채널도 다 쓰는데 왜 나만 쓰면 안 되는가?'하며 아쉬워합니다. 더 좋은 영상을 위한 크리에이터의 마음이야 너무나도 이해하지만, 내 영상이 소중한 만큼 다른 창작자의 권리 역시 인정해야 합니다. 내 창작물이 소중한 만큼, 타인의 창작물도 소중한 법이니까요.

누군가 내가 열심히 만든 영상을 무단으로 다른 채널에 업로드한다고 생각해 보세요. 이렇게 너도나도 저작권을 지키지 않게 되면 창작자는 '내 콘텐츠가 보호받지 못한다'고 느끼게 됩니다. 이런 창작자가 늘어나면, 유튜브라는 플랫폼에 대한 애정과 신뢰가 떨어지고 창작 의지가 꺾이게 되죠. 결과적으로는 영상 업로드가 줄어들어 유튜브 생태계가 지금처럼 활발하게 작동하지 않을 것입니다.

유튜브는 이렇게 저작권을 보호합니다

유튜브는 이용자의 저작권 의식을 고취하기 위해 저작권에 대한 다양한 도움말을 제공합니다. 저작권의 기본 개념이나 저작권 관리 도구, 문제가 생겼을 때 해결하는 방법 등을 글로 상세하게 제공하고 있습니다. 유튜브의 저작권 관련 활동은 크리에이터의 권한을 지키고 공정한 콘텐츠 제작을 독려하기 위함입니다. 주의할 점은 유튜브에서 운영하는 저작권 정책이 법적으로 저작권 침해를 해결하는 수단은 아니라는 것입니다.

저작권의 개념이나 침해 기준 등은 거의 비슷하지만, 나라별로 저작권에 관한 법이나 판례가 조금씩 다릅니다. 특히 유튜브의 저작권 도움말은 미국 법이 기준이어서 우리나라의 저작권법과 약간의 차이가 있습니다. 유튜브 저작권 관리 도구를 잘 알고 활용하되, 유튜브의 정책과 실제적인 지직권법은 별개라는 점을 반드시 기억하기 바랍니다.

소중한 저작권, 이렇게 관리합시다_저작권 관리 도구

1) 저작권 게시 중단 요청

누구나 자신의 콘텐츠가 허가 없이 업로드되었을 때 양식을 통해 저작권 게시 중단을 요청할 수 있습니다. 저작권 침해로 영상이 삭제되면 영상 대신 저작권 소유자의 이름이 표기됩니다. 저작권 게시 중단을 요청했다고 해서 반드시 영상이 삭제되는 것은 아닙니다. 공정 이용(보도, 비평, 교육, 연구 등을 위해 저작물을 사용할 때, 법의 요소를 충족하는 경우 사용 허가를 따로 받지 않고 이용하는 것)이나 저작권 제한사항에 해당되는 경우, 요청을 제출한 저작권 소유자가 마음을 바꾼 경우, 오해로 인해 중단 요청을 한 경우에 철회가 가능하기 때문입니다. 유튜브 고객 센터 페이지의 저작권 및 권한 관리에서 신청할 수 있습니다.

2) 콘텐츠 아이디(Content ID)

영화사, 음반사, 방송국, MCN 등 대량의 저작권 관리가 필요한 기업을 위한 도구입니다. 콘텐츠 아이디 소유권 주장이 이뤄지면, 해당 콘텐츠를 사용한 동영상이 차단되거나, 유튜브 파트너 프로그램을 통한 수익을 공유하게 되는 것이 일반적입니다. 저작권 위반 경고를 받기도 합니다.

3) 저작권 매치 툴(Copyright Match Tool)

크리에이터를 위해 특별히 개발된 도구입니다. 150만 명 이상의 크리에이터가 사용 중입니다. 내 영상과 유튜브에 업로드된 다른 영상을 비교해서 일치하는 영상(사본) 또는 일치 가능성이 있는 영상(사본일 가능성이 있는 영상)을 자동으로 식별하는 도구입니다. 일치하는 영상이 발견되면 콘텐츠 업로더에게 이메일을 보내거나, 삭제 요청을 할 수 있습니다. 하지만 동영상을 유튜브에 처음으로 업로드한 사람이 내가 아니거나, 이미 '콘텐츠 아이디(Content ID)'로 보호된 경우, 영상에 '콘텐츠 아이디(Content ID)' 소유권 주장이 접수된 경우는 일치 검색 대상에 포함되지 않습니다.

4) 콘텐츠 검증 프로그램

유튜브에서 권리 침해가 의심되는 자료를 찾고, 해당 자료를 삭제할 수 있도록 협조합니다. 통상 여러 건의 삭제 요청을 하도록 설계되어 있습니다.

내 영상이 누군가의 저작권을 침해했다고요?

유튜브의 저작권 정책을 보면 유튜브는 저작권자의 권리를 지키기 위해 매우 적극적이라는 사실을 확인할 수 있습니다. 그렇다고 무조건 저작권 소유자의 손을 들어주는 것은 아닙니다. 영상의 소유권 주장이 타당하지 않다면 이의 제기를 통해 소유권 주장을 반박할 수도 있습니다. 또는 문제가 된 부분을 수정하거나 영상을 삭제해서 소유권 주장을 취소시킬 수도 있습니다. 음악의 경우 노래 교체나 음소거 방식으로, 영상의 경우 해당 영상 일부를 잘라내는 방식으로 소유권 주장을 취소시키기도 합니다.

유튜브 저작권과 관련하여 '~카더라'같은 내용을 믿는 크리에이터들이 종종 있습니다. 하지만 대부분의 경우 사실에 근거한 내용이 아닙니다. 이번에는 크리에이터들이 자주 오해하는 저작권 관련 질문을 확인해 보겠습니다.

다른 크리에이터도 많이 사용하니까 문제없는 것이 아닌가?

영화나 음악 같은 영상 소스를 다른 채널에서 사용 중이라고 해서 나 또한 사용할 권리가 생기는 것은 아닙니다. 이 부분에 대해서는 '유튜브 저작권 정책이 일관성 있게 운영되는 것인가?'라고 의심하는 크리에이터도 있습니다. 내 콘텐츠는 소유권 주장이 자주 제기되고 저작권 경고를 받는데, 다른 크리에이터는 멀쩡히 채널을 운영하기 때문입니다.

하지만 이것은 다른 크리에이터가 영상을 제작하기 위해 저작권자에게 사용 허가를 얻었는지, 법적인 계약을 했는지, 무단으로 사용했으나 저작권자가 그냥 내버려둔 것인지 알 수 없기 때문에 생기는 오해입니다. 저작권 침해를 피하기 위해서는 가급적 저작권 소유자에게 사용 허가를 받는 것이 안전합니다.

5초 안으로 사용하면 괜찮다?

'5초 안으로 사용하면 저작권 침해에 걸리지 않는다'라는 말은 일부 크리에이터가 저작권 침해 가능성이 있는 영상을 업로드하고, 저작권 관리 도구에 걸리는지 확인하면서 나온 이야기입니다. 2017~2018년에는 15초, 2019년에는 10초로 줄더니 이제는 5초 정도면 안전하다는 이야기를 하는 강사도 있습니다. 실제 강의에서 음반 회사 직원분이 '우리 회사는 15초까지는 봐준다'라는 말을 한 적이 있어서 곤란했던 경험도 있는데요, 이는 회사의 내규일 뿐, 유튜브 저작권 관리 도구에 걸리지 않더라도 저작권법에 의해 저작권 침해가 될 수 있기 때문입니다. 따라서 몇 초까지 쓰면 괜찮다는 말보다 저작권을 지키자는 이야기에 귀를 기울였으면 합니다.

직접 음악을 연주한다면 문제가 없다?

직접 노래를 부르거나, 악기를 연주한다고 해서 저작권 문제가 해결되는 것은 아닙니다. 이런 경우도 음악 저작권자에게 사용 허가를 받아야 합니다. 한 가지 중요한 점은 노래의 작곡가라도 지금은 저작권 소유자가 아닐 수도 있다는 점입니다. 저작권 중 저작 재산권은 양도나 상속이 가능하기 때문에 저작권자를 확인하고 이용 허가를 구해야만 합니다.

음악의 경우 유튜브는 플랫폼 수익을 공유하는 방식으로 저작권자의 권리를 보호하려고 애쓰고 있습니다. 이 과정에서 저작권 경고를 주기도 하는데요, 유튜브 내부 규정을 넘어 법에 의한 민사 소송이나 형사 고소를 받을 수도 있습니다. 다만 저작권자가 그렇게까지 하지 않을 뿐입니다.

비영리 목적이라면 괜찮지 않은가?

비영리 목적이라고 해서 반드시 인용이나 공정 이용으로 인정받는 것은 아닙니다. 영리 목적으로 사용하는 경우에 비해 사용 가능성이 높다는 것일 뿐 원칙적으로는 사용 허가를 받아야 합니다. 만약 사용하려는 콘텐츠에 CC(크리에이티브 커먼즈, Creative Commons) 표시가 있다면 라이선스 지시를 따르고 따로 허가를 받지 않아도 괜찮습니다.

출처를 밝혔으면 저작권 침해가 아니지 않는가?

저작권 소유자를 표시한다고 저작물을 이용할 권리가 생기는 것은 아닙니다. 따라서 출처를 밝힌다고 저작권 침해를 피할 수 있는 것은 아니죠. 출처를 표기하면 공정 이용이 가능하다고 생각하는 경우가 많은데 반드시 그런 것은 아니니 주의해야 합니다.

'출처를 밝히면 저작권 침해가 아니다'라는 이야기가 어디서 나온 것인지에 대한 견해는 다양합니다. 우선 저작권법 제37조를 보면 '저작물을 이용할 때 출처를 달아야 한다'라는 부분인데요, 출처를 달아야 한다는 말과 '출처를 달면 저작권 침해가 아니다'라는 말이 같은 뜻은 아닙니다. 두 번째로 CC(크리에이티브 커먼즈, Creative Commons)를 오해해서 생긴 일인 것으로 보입니다. CC는 창작자가 자신의 저작물 사용 권한을 다른 사람에게 부여하는 방식으로, CC BY가 있는 경우에 출처를 표기하면 자유롭게 사용할 수 있습니다. 이때, 저작물에 출처 표기를 하지 않으면 사용 권한 약속을 어기는 것이므로 반드시 출처 표기를 해야 합니다. 간혹 저작물이 올라가 있던 주소를 출처로 올리는 경우가 있는데요, 이것은 실제 저작권 소유자를 명시한 게 아닙니다. 비슷하게 '저작권을 침해할 의도가 없음'이라는 문구를 표기하는 분들도 있는데, 이런 방법도 저작권 침해를 피하지 못한다는 점을 유의해야 합니다.

패러디는 저작권 침해가 아니다?

해외에서 어떤 콘텐츠가 패러디로 인정받아 '저작권 침해가 아니다'라고 판결 받은 일이 있었습니다. 하지만 우리나라는 이런 판결을 받는 경우가 극히 드문 편이고, 패러디로 보호되기 위해서는 풍자나 비평이 들어가야 하는데, 이때는 저작권 침해 대신 명예 훼손이 될 가능성이 있습니다. 무조건적으로 '패러디는 저작권 침해가 아니다'라고 보기는 어렵습니다.

3. 사례로 보는 저작권 침해와 예방법 ▶

Q : 인터넷에 있는 무료 폰트로 자막을 넣었는데, 왜 문제가 되는 거죠?

A : 무료 폰트라도 영상 자막 활용까지 허가하지 않은 경우가 많습니다. 폰트가 무료이지 사용할 때의 라이선스는 별개의 문제입니다. 기관이나 학교에서 저작권 침해 문제가 있었던 무료 폰트가 최근에는 크리에이터에게도 문제가 되고 있습니다. 폰트 저작권을 어기면 폰트 저작권자는 해당 폰트의 구매를 합의 수단으로 삼는데요, 적게는 수십만 원, 많게는 수백만 원이 들기 때문에 특별한 주의가 필요합니다.

이렇게 예방하자

폰트 저작권 침해를 예방하기 위해서는 폰트의 라이선스를 꼼꼼히 확인해야 한다. '눈누(https://noonnu.cc/)' 사이트를 활용하면 무료로 상업적 이용이 가능한 폰트를 확인할 수 있다.

Q : 책의 그림을 보여주면서 본문 전체를 읽어주는 영상을 만들려고 합니다. 괜찮을까요?

A : 책의 내용과 삽화 모두 저작물에 해당합니다. 아무리 짧은 길이라도 처음부터 끝까지 읽으면 저작권 침해가 될 수 있습니다. 영상에 책의 내용을 담고 싶은 경우, 사전에 출판사와 작가에게 허가를 받아야 합니다.

이렇게 예방하자

책에 표시된 작가와 삽화가의 연락처로 직접 연락을 하거나, 출판사에 연락을 취해 이용 허가를 받자. 어떤 목적으로, 어느 정도 길이의 영상을 제작하는지, 영상 속에서 책의 내용과 삽화는 어느 정도 사용할 것인지 설명하는 것이 좋다. 작가, 삽화가, 출판사 측에서 '결말은 이야기하지 말라'라든가, '전체 내용의 8~10% 정도만 화면에 담아라'와 같은 요청 사항을 주며 내용을 조율하는 경우가 많다.

최근에 책 유튜버가 늘어나면서 홈페이지에 저작권 사용 허가와 관련된 게시판을 운영하는 출판사도 있다. 대부분은 허가를 해주니 겁먹지 말고 연락해 보길 바란다.

Q : 인터넷에 올라와 있는 글을 재구성해서 영상을 만들고 있습니다. 이 정도는 괜찮지 않을까요?

A : 커뮤니티, 블로그, 게시판, SNS 등에 올라온 글도 저작물로 인정받을 수 있습니다. 우리나라를 포함해 대부분의 나라는 저작권 발생을 창작과 동시에 인정합니다. 이를 '무방식주의'라고 하는데, 따로 절차나 형식을 밟지 않아도 저작자의 권리가 생긴다는 뜻입니다. 원작자를 찾기 어렵다고 해서 해당 글의 저작권이 없는 것은 아닙니다. 글을 쓰는 순간, 저작권이 생길 수 있으니까요.

이렇게 예방하자

저작권 침해를 예방하기 위해서는 사용 허가가 필수라는 것을 잊지 말자. 쪽지나 DM, 댓글 등을 통해서 사용 허가를 받는 것도 좋은 방법이지만, 가급적이면 메일을 통해서 소통하기를 권한다. 사용 허가를 받기 위한 설명을 충분히 할 수 있고, 메일을 보낸 시점과 읽은 시점 등을 확인할 수 있기 때문이다. 저작자를 찾기 어려운 경우에는 '한국 저작권 위원회' 사이트를 이용하는 것도 좋은 방법이다.

Q: 유명 캐릭터로 쿠키를 만들었는데, 그림도 아니고 쿠키니까 상관없겠죠?

A : 만화 캐릭터로 무엇인가를 만드는 영상은 유튜브에서 자주 볼 수 있는 콘텐츠입니다. 그러나 유명 캐릭터를 그대로 따라 그리거나, 제과 제빵, 도시락을 만드는 경우에도 저작권 침해 가능성이 있습니다. 그대로 따라 하는 것은 '복제', 다양한 방식으로 변형하는 것은 '2차적 저작물 작성'에 해당합니다. '복제권'과 '2차적 저작물 작성권'은 저작권자에게 있으므로 사용하려면 허가를 받는 것이 원칙입니다.

이렇게 예방하자

아주 많이 변형해서 원래의 저작물을 떠올릴 수 없을 정도로 새롭게 창작되는 경우라면 저작권 침해가 되지 않는다. 영감, 참고 등으로 인정하는 것이다. 하지만 누가 봐도 '특정 캐릭터'를 떠올리게 된다면 침해 가능성이 생기게 된다. 따라서 캐릭터 회사 측에 사용 허가를 묻는 것이 좋다. 캐릭터, 게임 회사의 경우에는 저작권과 관련한 조항을 홈페이지에 명시하기도 하고, 비용에 대해서 표기하기도 한다. 실제로 회사 담당자에게 연락해서 사용 허가를 받은 경우도 있다. 다만 책에 비해서는 허가 빈도가 낮은 편이다.

에피소드 03

MCN에서 연락이 왔다고요?

먼저 축하드립니다. MCN(Multi Channel Network, 인터넷 스타들의 기획사)에서 연락이 왔다면 이미 여러분의 채널은 많은 시청자에게 인정받은 겁니다. 그렇다고 무턱대고 계약을 진행하면 추후에 큰 고생을 할 수도 있습니다. 즐거운 마음은 간직하되 MCN에서 연락이 왔다면 반드시 다음 내용을 체크해 봐야 합니다.

김형진 교수

1. 나랑 핏(fit)이 맞는가?

이미 크리에이터 시장에는 다양한 MCN 회사가 활동하고 있습니다. 다이아티비, 트레져헌터, 샌드박스 등 규모가 큰 곳부터 소규모 회사까지 수십 곳이 넘습니다. 그래서 신중한 선택을 해야 합니다. 회사 규모가 크다고 무조건 좋은 것도 아니고 작다고 나쁜 것도 아닙니다. 나와 가장 잘 맞는 MCN을 찾는 것이 중요합니다. 먼저 연락 온 MCN에서 활동 중인 크리에이터를 살펴보세요. 만약 여러분이 게임 유튜버로 활동 중인데 연락 온 회사가 뷰티 크리에이터 중심이라면 고민해 볼 필요가 있습니다. MCN에 소속되어 활동한다는 말은 여러분이 제작할 콘텐츠의 퀄리티나 방향성을 회사와 함께 논의하고, 도움을 주고받는 것입니다. 그런데 기획이나 제작 과정에서 도움을 받지 못하거나 여러분의 역량을 마음껏 펼치기 어려운 구조라면 신중하게 판단해야 합니다. 결과적으로 시너지를 내는 선택이 필요합니다.

2. 수익을 나누는 방식은?

MCN에 소속된다는 것은 회사의 도움과 관리를 받는다는 말이고, 내 채널에 지속적인 수익이 발생할 수 있도록 홍보나 광고를 제공받는 일도 포함되어 있습니다. 그렇기 때문에 크리에이터는 회사와 수익을 나누게 됩니다. 그래서 계약서에 명시된 수익 배분 조건을 잘 확인해야 합니다. 특히 다음 사항은 꼼꼼히 봐야 합니다.

　1) 수익 배분 : 조회 수 수익 / 광고 수익 / 이벤트 행사 참여 수익 / 물건 제작 및 판매 수익

　2) 채널 소유권

　3) 채널 외적으로 들어오는 광고의 수익 배분

이외에도 수익 배분에 관한 다양한 내용이 계약서에 명시되어 있을 겁니다. 여러분의 채널 성장에 따라 얻을 수 있는 수익을 잘 계산해 봐야 합니다.

　3. 매니저와 회사의 역량은?

나의 채널을 전담하는 매니저가 어떤 사람이고 어떤 역량이 있는지 알아보세요. MCN 매니저는 작게는 업로드할 콘텐츠 소재를 함께 나누는 사이고, 크게는 채널의 방향과 성장을 함께 결정할 파트너입니다. 또한 MCN 회사의 비전과 미래 계획 등을 확인하는 것도 필요합니다. 여러분의 채널이 성장하는 것도 중요하지만, 회사가 어떤 방향으로 얼마만큼의 성장 목표를 가지고 있는지도 중요합니다. 만약 비전과 계획이 여러분과 잘 맞는다면 혼자서 계획했던 것보다 더 큰 목표를 달성할 수 있습니다.

MCN 소속 크리에이터가 되면 좋은 점이 다수 있습니다.

1) 다양한 크리에이터와 콜라보 가능　　2) 수익 관련 세무 처리

3) 최신 트렌드 및 콘텐츠 관련 정보 제공　　4) 축제, 페스티벌 참여 기회

5) 다양한 광고 영업으로 수익 증가　　6) 부가적인 수익 활동의 기회

좋은 MCN과 협업하면 더 좋은 콘텐츠를 제작하고 채널을 알리는 데 큰 도움을 받을 수 있습니다. 한 번 계약을 맺으면 보통 2년 정도 함께 하기 때문에 다양한 부분을 고려해서 신중하게 결정하길 바랍니다.

PART 04
끈기가 필요한 당신에게

유튜브,
수익화의 다른 말은 꾸준함입니다.

#수익화전략 #광고

김형진 교수

"유튜브로 수익을 내는 방법은 생각보다 다양합니다."

1교시
유튜브를 통한 수익화 방법

1. 유튜브 조회 수로 수익을 얻어볼까?

2. 유튜브로 강사 한번 해볼까?

3. 유튜브로 물건 한번 팔아볼까?

유튜브로 수익을 내는 방법은 여러 가지입니다. 대표적으로 조회 수에 따른 광고, 외부 광고, 상품 판매 수익이 있는데요, 가장 일반적인 방법은 조회 수를 통한 광고 수익입니다. 조회 수 수익을 받기 위해서는 구독자 1천 명과 누적 시청 4천 시간의 최소 조건이 필요합니다. 그래서 많은 유튜버들이 채널 초기 목표를 이 수익화 조건으로 잡습니다. 만약 여러분도 아직 특별한 목표를 세우지 못했다면 채널 수익화 지점을 1차 목표로 잡아 보길 바랍니다.

조회 수로 수익을 내는 핵심, 지속성

조회 수를 통해 유튜브 수익을 얻고 싶다면 다음 3가지만 기억하면 됩니다. '지속성, 업로드 주기, 평균 조회 수'. 이 3가지만 기억하면 누구나 조회 수 수익을 얻을 수 있습니다.

먼저 살펴볼 것은 지속성입니다. 기획안 작성에서도 강조했지만, 유튜브 채널 운영의 핵심 중 하나는 지속성입니다. 특히 조회 수 수익에서 지속성은 더 중요한 의미가 있습니다. 일단 채널의 지속성이 유지되지 않으면 수익화 채널 전환을 위한 목표 지점, 구독자 1천 명과 누적 시청 4천 시간을 달성하기 어렵습니다. 이미 수익화 지점을 달성한 채널이라도 지속성이 유지되지 않으면 조회 수를 통한 수익화는 먼 이야기가 됩니다. 그럼 어떻게 해야 지속성을 유지하는 채널이 될 수 있을까요?

지속적으로 콘텐츠를 생산하기 위해서는 기획에 힘이 최소한으로 들어가야 합니다. 지금까지 채널 기획의 중요성을 강조해 놓고 '갑자기 힘을 빼라고?'라고 생각하실 수도 있지만, '힘을 빼라'는 말이 기획을 소홀히 하라는 이야기는 아닙니다. 매번 영상을 만들 때마다 며칠을 고민하고 기획안을 썼다 지웠다 하는 콘텐츠만 있어서는 지속성을 유지하기 어렵다는 말입니다. 기획에서 힘을 빼기 위한 가장 좋은 방법은 혼자만의 생각으로 콘텐츠를 고민하는 것이 아니라 내 주변에서 콘텐츠 주제를 찾는 것입니다. 주변의 사건이나 뉴스 등을 통해서 콘텐츠 주제를 잡고, 영상을 만드는 것이죠.

예를 들어 유튜버 '이스타TV' 채널을 보면 해외 축구를 주제로 다양한 영상이 올라옵니다. 해외 축구는 내가 영상 소재를 고민하지 않아도, 매일매일 새로운 사건이 발생하는 카테고리입니다. 시합이 있으면 시합 리뷰를 할 수 있고, 특정 선수가 이적하면 이적과 관련된 이야기를, 또는 다음 경기 라인업 예상 등 하루하루 새로운 뉴스에 맞춰 지속적으로 콘텐츠를 만들 수 있습니다. 마찬가지로 유튜버 '이슈왕'도 이런 지속성 덕을 보고 있습니다. 말 그대로 이슈는 내 의지나 노력과 상관없이 매일매일 발생합니다. 연예, 정치, 스포츠, 경제 등 여러 카테고리에서 이슈가 되는 사건이 계속 나오기 때문에 다양한 영상 소재를 얻을 수 있죠. 여러 이슈 중에서 연예계 소식만 전하는 '짤

뉴스(해군수달)'라는 채널도 있습니다. 연예계야말로 늘 새로운 소식이 있고, 남녀노소 모두가 관심이 높은 카테고리라서 지속적으로 콘텐츠 소스를 얻기에 매우 유리합니다.

여러분이 만약 조회 수를 가장 큰 목표로 세우고 유튜브를 시작한다면 '지속성'있는 카테고리 선택이 우선되어야 합니다. 이번 파트 3교시에 제가 어떻게 한 달 만에 구독자 5천 명을 만들고, 조회 수 수익 130만 원을 얻을 수 있었는지 모든 노하우를 자세히 풀어 놓았습니다. 힌트를 드리자면 저 역시 '지속성'에서 얻은 인사이트로 채널을 운영했답니다.

어떤 카테고리를 정해야 지속성을 유지할 수 있을까요?

지속 가능한 카테고리를 찾는 가장 좋은 방법은 네이버 뉴스 카테고리를 참고하는 것이다. 네이버 뉴스 카테고리를 보면 스포츠, 연예, 정치, 세계 등 매일 업데이트되는 항목이 다양하게 존재한다. 이 중 내가 관심 있는 혹은 잘 만들 수 있는 카테고리를 선택하면 지속적으로 영상을 업로드하기에 유리하다. 조회 수를 통한 수익도 충분히 얻을 수 있을 것이다.

업로드 주기와 평균 조회 수의 상관관계

업로드 주기가 필요한 이유를 한 마디로 정리하면, 시청자에게 습관을 들이는 작업이기 때문입니다. 우리가 유튜브, 인스타그램, 틱톡에 계속 들어가는 이유는 새로운 콘텐츠가 업로드되었을 거란 기대 때문입니다.

여러분의 채널도 구독자가 습관처럼 들어오는 채널이 되어야 합니다. 그러기 위해서는 새로운 영상을 자주 업로드해야 합니다. 이 과정을 통해 구독자에게 '이 채널은 새로운 콘텐츠가 자주 올라온다'라는 이미지를 각인시키는 겁니다. 물론 업로드되는 영상이 유의미한 내용이어야 하겠죠.

구독자의 채널 방문이 습관화되면 자연스럽게 평균 조회 수도 올라갑니다. 결국 지속성도, 업로드 주기도 평균 조회 수를 높이기 위한 기초이자 핵심 작업입니다. 평균 조회 수가 낮은 채널은 조회 수 수익을 얻기가 쉽지 않습니다. 유튜브를 보다 보면 같은 채널 안에서 어떤 영상은 조회 수가 100만을 넘었지만, 어떤 영상은 1만도 넘지 못한 경우가 있습니다. 이런 채널은 영상의 질적 차이가 크고 업로드 주기도 일정하지 않을 가능성이 높습니다.

'지속성, 업로드 주기, 평균 조회 수'. 이 세 가지를 통한 조회 수 수익을 위해 Part02에서 알려드린 채널 기획서를 꼭 한 번 꼼꼼하게 작성해 보기 바랍니다.

2. 유튜브로 강사 한번 해볼까?

여전히 당신의 노하우를 모르는 사람들은 많습니다

많은 분들이 강사는 나와 상관없는 일이라고 여깁니다. 누군가를 가르치는 일은 경험도 풍부해야 하고 시작하기가 쉽지 않다고 생각하기 때문입니다. 하지만 강사를 어떻게 정의하느냐에 따라서 유튜브로 수익을 낼 수 있는 새로운 통로를 찾을 수 있습니다.

아무리 유명한 스타 강사라도 누구나 초보 시절이 존재합니다. 저 역시 유튜브 강의를 처음 시작했을 때가 있었습니다. 지금은 유튜브 본사에서도 강의 하고 대학교수를 할 만큼 커리어가 쌓였지만, 처음에는 그렇지 못했습니다. 그 시절 망설이고 고민하던 저는 유튜브 강사가 되기 위해 한 가지 결심을 했습니다.

'내가 아는 정보를 바로 한 단계 아래 있는 사람에게만 전달하자.'

나에게는 손쉬운 일이 누군가에게는 어려운 일이기도 합니다. 나에게는 쉬운 요리가 누군가에게는 시작도 어려운 레시피일 수 있고, 내가 매일 다루는 컴퓨터 프로그램이 누군가에게는 처음 보는 프로그램일 수 있습니다. 이런 경우 나의 요리 과정을 촬영하면서 요리 강사가 될 수 있고, 파워포인트 기능을 알려주면서 컴퓨터 프로그램 강사가 될 수 있습니다. 제가 드리고 싶은 말은 꼭 최고의 전문가가 아니더라도 유튜브 채널을 시작해도 괜찮다는 것입니다. 물론 한 분야의 전문가로 강의를 시작하면 더할 나위 없겠지만, 모두가 그렇게 되는 일은 쉽지 않습니다. 처음부터 그런 위치에 있는 경우도 많지 않기 때문에 저의 결심을 참고해서 콘텐츠를 기획해 보기 바랍니다.

강의 주제를 찾았다면 이제부터는 어떻게 사람들에게 알릴 수 있는지 고민해야 합니다. 유튜브의 수많은 시청자가 나의 예비 수강생이 되도록 할 수 있습니다. 이미 촬영해 놓은 강의가 있거나 유튜브 채널로 나만의 강의 영역을 만든 분이라면 클래스 101, 탈잉, 패스트캠퍼스, 숨고, 크몽 같은 다양한 강의 플랫폼을 함께 활용할 수 있습니다. 비대면 시대가 되면서 온라인 강의가 활발해졌고 결과적으로 다양하고 새로운 강의 시장도 함께 커졌습니다. 동시에 많은 유튜버가 새로운 강의 플랫폼을 이용해 자신만의 노하우를 전달하고 있습니다.

물론 플랫폼마다 강의를 등록할 수 있는 조건이 있습니다. 하지만 그 벽이 높지 않고 생각보다 다양한 영역의 강의가 많은 분들의 선택을 받습니다. 유튜브에서 강의 콘텐츠를 기획 중이라면 다른 플랫폼도 함께 고려해 보세요. 새로운 가능성이 보일 겁니다.

강의 플랫폼별 주요 특성 한 줄 정리

· 베어유 : 자격증 기반의 다양한 강의 제공

· 숨고 : 인테리어, 이사, 건강, 과외 등 일상생활 중심의 전문가 위주

· 크몽 : 업무와 관련된 다양한 프리랜서들의 노하우 집합

· 클래스 101 : 취미, 커리어, 재테크 등 넓은 분야의 전문가 강의

· 탈잉 : 오프라인 강의를 기반으로 성장

· 패스트캠퍼스 : 회사 업무에 도움이 되는 실무 강의 위주

3. 유튜브로 물건 한번 팔아볼까?

유튜브를 활용해서 비교적 짧은 기간에 많은 수익을 발생시킬 수 있는 방법이 무엇이냐고 물어본다면, 저는 '유통' 즉 '물건 판매'라고 이야기합니다. 실제로 유명 유튜버 염따의 경우 단 4일 만에 약 21억 원의 매출을 올린 기록을 갖고 있습니다. 그럼 스타 유튜버가 아니라도 누구나 유튜브를 통해 물건을 팔 수 있을까요? 물론 가능합니다. 단, 결코 쉽지 않다는 이야기를 먼저 드리고 싶습니다. 누군가가 유튜브를 보고 물건을 구매한다는 것은 나를 믿고 해당 상품을 구입한다는 뜻입니다. 그래서 물건을 팔기 전에 필수적으로 소비자가 유튜버 자신을 신뢰하게 만드는 과정이 필요합니다. 그럼 유튜브 채널을 통해 물건을 팔 수 있는 구체적인 방법을 알아보겠습니다.

도매로 판매하기

도매란 소비자 가격보다 싸게 제품을 구입해서 판매하는 것을 말합니다. 동대문시장 같은 오프라인 시장이나 도매꾹, 도매창고 같은 온라인 사이트를 통해 물건 구입이 가능합니다. 요즘은 국내뿐만 아니라 다오바오 같은 해외 사이트에서 국내보다 더 저렴한 가격으로 물건을 구매하는 경우도 많습니다. 도매로 구매한 가격과 소비자 판매 가격 차이가 이윤이 됩니다. 예전에는 도매 구입처를 알아보는 것이 어려웠지만, 지금은 내가 원하는 제품을 비교적 쉽게 구할 수 있습니다. 때문에 적절한 수요 예측과 판매를 위한 콘텐츠 제작을 잘 한다면 큰 수익을 얻을 수 있습니다.

하지만 도매는 큰 단점이 있는데, 바로 재고 문제입니다. 도매는 물건을 대량으로 구입 후 보관해야 합니다. 대량 구매를 하니 물건을 싸게 구입할 수 있는 겁니다. 그런데 내가 구입한 물건을 제때 다 판매하지 못하면 남은 상품은 고스란히 재고가 됩니다. 의류나 장비 같은 상품은 세일을 하거나 다음 시즌에 판매할 수 있어서 재고 부담이 조금은 덜 할 수 있지만, 식품류 같은 경우는 유통기한 때문에 재고 부담이 매우 클 수밖에 없습니다. 유통기한 내에 판매되지 않은 상품은 온전히 손해가 되기 때문이죠. 결론적으로 유튜브로 도매 물건을 판매하려면 내 채널과 잘 어울리는 제품을 선택하고 필수 구매 수량을 신중히 체크해서 재고 부담을 최대한 줄여야 합니다.

판매할 상품이 준비되었다면 상품을 등록할 사이트를 정해야 하는데요, 비교적 접근하기 쉬운 '네이버 스마트 스토어'가 있습니다. 스마트 스토어는 네이버 아이디만 있으면 누구나 직접 쇼핑몰을 만들지 않고도 손쉽게 상품을 판매할 수 있습니다.(일부 상품은 판매자격이 필요합니다) 결제 시

스템도 따로 계약 없이 네이버에서 제공하는 서비스를 이용할 수 있습니다. 이렇게 스토어에 상품을 등록한 후, 유튜브 영상과 댓글 또는 설명란에 스토어 링크를 걸어 두면 됩니다.

직접 쇼핑몰을 제작할 수도 있습니다. 쇼핑몰 제작 플랫폼은 정말 다양합니다. 많은 분들이 WIX, SIXSHOP, 카페24, 고도몰 등을 사용하는 편입니다. 외주 개발사를 통해 자체 쇼핑몰을 제작하는 방법도 있지만, 개인적으로 운영 초기에는 네이버 스마트 스토어를 추천합니다. 쇼핑몰 운영 경험을 쌓고 자본의 여유가 생겼을 때 플랫폼 활용 또는 외주 제작을 하는 것이 초기 부담을 줄일 수 있는 방법입니다.

판매 대행 플랫폼 활용하기

판매 대행 플랫폼을 활용하면 재고 부담 없이 상품 판매를 시작할 수 있습니다. 지금 말하는 플랫폼이란, 상품, 택배, CS(고객상담) 등 쇼핑몰 운영 관련 전반적인 일을 대신해 주는 판매 대행 서비스를 말합니다. 여러분은 물건을 잘 팔기 위한 콘텐츠 제작에만 힘을 쏟으면 됩니다. 물론 판매 업무를 대신하는 만큼 수수료를 지불해야 합니다. 대표적인 판매 대행 플랫폼으로는 태그바이를 들 수 있습니다. 매우 다양한 상품이 구비되어 있습니다.

판매 대행 플랫폼을 활용하는 기본 절차는 다음과 같습니다. 앞서 언급한 태그바이와 같은 플랫폼에 접속하면 다양한 제품이 노출되어 있습니다.(앱을 다운로드 받아야 하는 경우도 있습니다.) 이 중에서 내 채널과 어울리거나 판매 콘텐츠로 잘 만들 수 있는 제품을 선택하고, 플랫폼사와 입점 절차를 진행합니다. 이 과정에서 상품을 판매하고 얻는 수수료를 결정하면 여러분만의 쇼핑몰이 생성됩니다. 마지막으로 쇼핑몰 주소를 유튜브 댓글이나 설명란에 첨부하면 판매를 위한 모든 절차가 준비되는 거죠. 유튜브 외에도 블로그나 인스타그램 등 다양한 SNS에 쇼핑몰을 노출하는 것도 가능합니다.

링크를 통해서 누군가 상품을 구입하면, 플랫폼은 여러분에게 판매 수수료를 지급합니다. 앞에서 언급했듯이, 택배나 고객 상담 같은 업무는 플랫폼에서 전적으로 대행하기 때문에 상품 판매 과정만 놓고 보면 플랫폼 이용이 가장 편리한 방법입니다. 도매의 재고 부담을 줄이고 낮은 수익이라도 안전하게 시작하는 것을 선호하는 유튜버라면 플랫폼 활용을 추천합니다.

직접 제작하기

사실 시작 단계부터 상품을 직접 제작하는 것은 추천드리고 싶지 않은 방법입니다. 도매와 마찬가지로 재고 문제가 큰데, 도매에 비해 직접 제작은 훨씬 더 많은 재고 부담이 있기 때문입니다. 직접 제작을 하려면 공장에서 요구하는 생산 수량을 맞춰야 합니다. 초기 비용도 많이 들고, 생산 과정에서 문제가 생기거나 완성품이 의도대로 나오지 않을 수도 있습니다. 판매 전 인증이 필요한 제품의 경우, 본인의 시간과 비용으로 이 과정을 준비해야 합니다. 물론 직접 제작하면 생산 원가로 제품을 만들 수 있고, 나만의 특색을 살릴 수 있기 때문에 리스크가 큰 만큼 높은 기대 수익과 차별화가 가능해집니다.

제작 상품을 판매할 때 꼭 기억해야 하는 점은 '채널의 인기가 상품의 판매를 보장하지는 않는다'라는 것입니다. 아무리 유명 인플루언서의 상품이라도 특색이나 장점이 없다면 시청자는 제품을 구입하지 않습니다. 그래서 물건을 직접 제작해서 판매할 계획이라면 아래처럼 제조부터 후기까지의 과정을 영상으로 만들어, 판매 전부터 구독자의 공감을 이끌어 내는 것이 좋습니다.

제작 상품 판매에 도움을 주는 영상 콘텐츠

1. 제품 제작을 위한 첫 시작 (왜 제작을 하려고 하는가?)

2. 제품 제작 과정 소개 (디자인, 맛, 포장 용기 등)

3. 구독자를 통한 샘플 체크 (신뢰도 상승 및 피드백 보완)

4. 구독자를 위한 판매 이벤트 진행

5. 사용 후기 및 피드백 진행

어떤 제품이나 콘텐츠에 스토리가 더해지면 그 제품과 콘텐츠가 발휘할 수 있는 힘은 배가 됩니다. 더욱이 물건을 판매하는 채널이라면 위와 같은 스토리가 꼭 필요합니다. 실제로 비슷한 경우가 있었는데, 한쪽은 구독자가 5만 명인 유튜버였고, 다른 쪽은 구독자가 5천 명인 채널이었습니다. 구독자만 보면 당연히 5만 유튜버의 제품이 더 많이 팔릴 것 같았지만, 결과는 예상과 달랐습니다. 제품 제작 전부터 스토리를 잘 살려 영상을 기획하고 제작했던 5천 유튜버 채널이 5만 유튜버 채널의 10배가 넘는 판매를 기록한 것입니다.

지금까지 유튜브를 통해 물건을 판매할 수 있는 3가지 방법을 알아보았습니다. 결론적으로 제가 추천하는 방법은 플랫폼, 도매, 직접 제작 순서입니다. 처음에는 수익이 적더라도 플랫폼을 통해서 재고 부담 없이 시작하면서 내가 판매하는 제품과 채널에 대한 신뢰를 얻고, 다음으로 국내외 도매 사이트를 통해 직접 제작했을 때와 비슷한 상품을 구매해서 수익을 높이는 것입니다. 이렇게 내 채널을 통해서 많은 소비자가 물건을 구입하고 후기가 쌓였다면, 그때 여러분이 원하는 제품을 직접 제작하는 것을 추천드립니다.

김형진 교수

"외부 광고, 구독자가 적어도 시작할 수 있습니다."

2교시
유튜브 광고 더 높은 성과 내기

1. PPL과 브랜디드 콘텐츠가 뭔가요?

2. 구독자와 광고주,
모두가 만족하는 콘텐츠 만들기

3. 광고 기획안 작성 노하우 파헤치기

1. PPL과 브랜디드 콘텐츠가 뭔가요? ▶

PPL과 브랜디드 콘텐츠

광고 콘텐츠 수업을 PPL과 브랜디드 콘텐츠로 시작하는 이유가 있습니다. 이 책을 읽고 계신 예비 유튜버 혹은 초보 유튜버분들의 효율적인 수익을 위해서입니다. 실제로 제가 아는 유튜버는 PPL과 브랜디드 콘텐츠의 차이를 몰라서 받을 수 있는 비용의 1/10만 받으면서 광고 콘텐츠를 진행하기도 했습니다. 유튜브 채널을 운영하는 여러 가지 이유가 있겠지만 가장 중요한 이유는 수익화일 것입니다. 유튜브 수익화에 관심이 있다면 이번 내용을 주의 깊게 봐주세요. 그럼 먼저 PPL과 브랜디드 콘텐츠의 차이를 알아보겠습니다.

결론부터 이야기하면 PPL과 브랜디드 콘텐츠의 차이는 '간접 광고'와 '직접 광고'입니다.

만약 제가 강의 도중 테이블에 있던 커피잔을 들고 커피잔의 장점에 대해 자연스럽게 이야기했다면 이건 간접 광고, 즉 PPL입니다. 하지만 커피잔을 홍보하기 위해 여러분과 약속을 잡고 커피잔의 장점을 나눴다면 이것은 직접 광고, 즉 브랜디드 콘텐츠입니다. 정리하면 영상을 촬영하면서 제품을 자연스럽게 노출했는지, 아니면 사전에 광고 제품이나 콘텐츠를 위한 영상을 기획하고 촬영했는지에 따라서 나뉜다고 이해하면 됩니다. 얼핏 보면 간단해 보이는 이 차이가 앞에서 언급한 것처럼 10배가량의 수익 차이를 만들 수 있습니다.

　　오른쪽 표를 통해 PPL과 브랜디드 콘텐츠의 차이를 구체적으로 알아보고, 언젠가 내 채널에도 광고 의뢰가 들어오는 즐거운 상상을 하며 여러분의 채널에 어울리는 광고 콘텐츠를 기획해 보기 바랍니다.

■ PPL과 브랜디드 광고 콘텐츠 예시와 적용

구분	PPL	브랜디드 콘텐츠
정의	Product Placement의 줄임말로 작품(영화, TV 프로그램 등)에 제품이나 브랜드를 자연스럽게 노출시키는 광고 형태	브랜드나 상품을 직접적으로 노출하되, 일방적인 광고 전달이 아닌 소비자에게 긍정적 이미지와 가치를 주는 광고 영상의 일종
특징	제작하는 영상 안에 광고 효과를 노리고 제품이나 콘텐츠를 등장시키는 것으로 영화, 드라마, 예능 등에서 자주 등장하며 관련하여 방송 심의규정이 존재함	광고로 인식하기보다는 재미있는 영상, 감동적인 영상, 교육적인 영상 등으로 인식되어 끝까지 시청하게 되는 콘텐츠
유튜브 콘텐츠 예시	게임 방송을 주로 하는 유튜버 A씨가 ○○ 브랜드 떡볶이를 주문하여 게임 콘텐츠 영상을 진행하면서 자연스럽게 ○○ 떡볶이를 먹는 영상	요리 방송을 주로 하는 유튜버 B씨가 '맛만 보고 집에서 ○○ 떡볶이 똑같이 만들 수 있을까?'라는 주제로 ○○ 떡볶이를 먹으면서 여러 가지 방법으로 따라 만들어보는 영상

광고를 많이 하는 채널이 되고 싶나요?

그럼 어떻게 해야 PPL과 브랜디드 광고 제안을 받는 채널이 될 수 있을까요? '구독자를 늘려서?' 맞습니다. 구독자가 많아지면 확실히 광고 제안을 받을 기회가 많아집니다. 하지만 그것도 내 채널의 콘텐츠 카테고리에 따라 다르기 때문에 구독자가 광고를 많이 받는 절대적인 기준은 아닙니다. 제가 여러분께 말씀드리고 싶은 광고를 위한 첫 번째 우선순위는 바로 '포트폴리오'를 만드는 것입니다.

제가 운영했던 '꽁병지' 채널을 예로 들면, 채널 초기에는 무료로 광고를 진행해 주겠다고 역으로 제안하면서 제품 협찬을 받았습니다. 업체 입장에서도 무료로 제품 홍보 영상을 만들 수 있는 기회이기 때문에 흔쾌히 이 조건을 받아주었고요. 그렇게 꽁병지 채널 운영 초반에는 무료 광고를 진행했습니다. 꽁병지 채널은 주로 축구 중계를 다뤘기 때문에 전반전과 후반전 사이에 제품에 대한 광고를 진행했고, 그렇게 진행한 광고의 성과가 하나하나 나오기 시작했습니다. 이때 성과는 '광고 효과가 있었을 거야'처럼 추측하는 것이 아닙니다. 정확히 측정할 수 있는 '지표'로 판단해야 합니다.

저는 조회 수, 댓글 수, 좋아요 등 정량적인 수치와 댓글 내용이나 채팅의 정성적인 반응을 종합적으로 취합했습니다. 이런 자료를 바탕으로 포트폴리오를 만들어갔습니다. 그러던 중에 대한민국과 독일의 월드컵 경기를 중계하게 되었고, 이를 계기로 진행하던 광고가 큰 성과를 냈습니다. 조금 더 상세하게 이야기하면, 꽁병지는 공격수 골키퍼 김병지 선수가 운영하는 채널이었는데요, 대한민국과 독일전에서 독일 측 골키퍼가 골대를 버리고 나온 상황에서 손흥민 선수가 골을 넣었기 때문에, 중계하던 김병지 선수의 콘텐츠

대한민국 VS. 독일 중계에서 꽁병지 채널이 진행한 PPL 광고(청초수 물회)

가 큰 주목을 받은 것입니다. 대한민국이 축구 강국 독일을 이긴 사실도 놀라웠지만, 경기 과정에서 생긴 에피소드가 이슈화되면서 이 경기를 중계한 꽁병지 채널의 화면이 네이버 기사로 도배 된 것이죠. 그렇게 꽁병지 채널의 영상은 유튜브 인기 영상이 되었고, 높은 조회 수를 기록했습니다. 이를 계기로 꽁병지 채널에 광고를 주었던 업체는 평소보다 주간 매출이 3배 이상 올랐고, 꽁병지는 이 자료를 또 포트폴리오로 만들어 직접적이고 적극적인 광고 영업을 하게 되었습니다.

여기까지 보신 많은 분이 이렇게 생각하실 수 있습니다. '나는 유명인도 아니고, 큰 채널도 아닌데 저런 일이 내 채널에서도 가능할까?'라고 말입니다. 하지만 기억하세요. 제가 처음에 이야기했던 것처럼 채널의 카테고리만 잘 설정했다면 여러분도 광고를 받을 수 있습니다. 우선 여러분의 채널을 통해서 홍보하고 싶은, 할 수 있는 업체를 찾아보세요. 그리고 그 회사에 여러분의 채널을 어필하는 겁니다. 메일을 보내도 좋고, 전화를 하거나, 쪽지를 보내도 괜찮습니다. 분명 몇몇 업체는 답장이 올 겁니다. 꽁병지 채널도 80여 개 회사에 제안을 보내면 1~2건만 연락이 왔습니다. 첫술에 배부를 수는 없습니다. 내 채널이 여러 업체에서 먼저 선택하는 채널이 되기 전까지는 꾸준한 노력이 필요합니다.

구독자와 광고주 사이의 밸런스를 잡아야 합니다

Part02 기획 파트에서 채널의 성장을 위해서는 '인칭' 설정이 중요하다고 이야기했습니다. 광고 영상도 마찬가지입니다. 효과적인 광고 영상을 제작하려면 우리가 설정한 '구독자'라는 인칭에 '광고주'라는 인칭 추가가 필요합니다. 보통 유튜버가 광고를 받으면 구독자에게 최대한 광고스럽게 보이지 않으려고 노력합니다. 물론 대놓고 하는 광고는 좋은 호응을 얻을 수 없기 때문에 어느 정도 콘텐츠 기획에 대한 구상이 필요합니다. 하지만 지나치게 '광고 티'를 내지 않기 위해 노력한 영상은 광고로서의 매력을 잃게 됩니다. 이때, 여러분이 잊지 말아야 하는 것이 있는데, 바로 광고주가 여러분에게 광고비를 준다는 사실입니다. 만약 운영하는 채널에 광고 관련 콘텐츠를 올리고 싶지 않거나, 광고주를 만족시킬 만한 영상을 제작할 자신이 없다면 애초에 광고를 받지 않는 편이 현명합니다.

광고주에게 광고 제안을 받았을 때 제일 먼저 파악해야 하는 것이 있습니다. '내가 받은 제품 또는 서비스가 홍보하려는 핵심이 뭘까?'입니다. 이것은 광고 영상을 제작할 때 꼭 생각해야 하는 요소입니다. 예를 들어 선크림 광고를 제작한다고 가정해 보겠습니다. 여러분은 이 선크림이 끈적임 없이 깔끔하다는 장점을 어필하는 것으로 영상을 제작했습니다. 하지만 광고를 제안한 회사는 우수한 차단력을 핵심 포인트로 제품을 만들었습니다. 이런 경우 내가 제작한 영상이 좋은 광고일까요? 물론 이 제품은 끈적임이 없어서 좋고, 구독자 역시 그 사실에 공감할 수 있습니다. 하지만 결과적으로 광고주를 만족시키긴 못했을 겁니다. 광고주까지 만족하는 영상을 제작하기 위해서는 광고주가 원하는 명확한 목적을 먼저 파악해야 합니다. 그리고 그 목적을 최대한 잘 전달할 수 있는 콘텐츠를 기획했을 때, 구독자와 광고주 둘 다 만족하는 광고 영상이 나오게 됩니다.

예시로 보는 구독자와 광고주 사이에서 밸런스 잡기

꽁병지 채널의 경우 구독자와 광고주 사이에서 적절한 밸런스를 잘 맞췄던 경험이 있습니다. 당시 김병지 님은 오프라인으로 유소년 축구클럽을 운영하고 있었고, 그와 관련된 몇몇 업체가 있었습니다. 그중 키 성장 보조제 회사로부터 광고 제안을 받았습니다. 문제는 당시 업체에서 요구한 일정을 맞추려면 영상을 제작할 수 있는 시간이 단 3일 밖에 없다는 것이었습니다. 또한 김병지 님의 나이는 키 성장 보조제 모델을 하기에 적합하지 않았죠. 그때 제가 구독자와 광고주 사이의 밸런스를 잡기 위해 선택했던 방법은 '구간을 나누는 것'이었습니다.

콘텐츠 앞부분에는 김병지 님과 나머지 출연자가 노래에 맞춰 '키 컸으면' 율동을 했고, 영상 중간에는 키 작은 자녀를 둔 부모님이 고충을 이야기하는 형태로 촬영했습니다. 그리고 마지막에는 아이에게 키 성장 보조제를 직접 맛보게 하면서 '맛있다'는 반응을 이끌어 냈습니다. 키 성장 보조제라는 제품 특성상 단기간에 성과를 볼 수 없기 때문에 맛을 강조하여 아이가 꾸준히 먹을 수 있다는 점을 포인트로 영상을 마무리한 것입니다.

김병지 "내가 5센치만 더 컸으면 맨유갔지!" (김형범은 이영상 끝까지 못봤다함 ㅋㅋㅋㅋ)
꼬벙지tv · 조회수 2.9만회 · 6개월 전
김병지 "내가 5센치만 더 컸으면 맨유갔지!" | 광동 키앤지 - 광동 키앤지 꿈쇼핑에서 성공리에 판매가 종료되었습니다 -
영상출처 · 핑크퐁 '키컸으면' #키앤지 #광동 #김병지 #꼬벙지티비

결과적으로 지속 시청 시간을 분석했을 때, 구독자는 축구 선수였던 김병지 님이 귀여운 춤을 춘 것에 흥미롭게 반응했고, 구매를 희망했던 시청자는 영상을 끝까지 봤다는 결과를 얻었습니다. 영상 이탈 시점과 구매 발생 등을 비교해 보면 이런 결과를 도출할 수 있습니다. 실제로 이 영상을 통해 제품의 구매가 많이 발생했습니다.

이처럼 구독자와 광고주 모두가 만족할 수 있는 영상을 만들기 위해서는 탄탄한 기획이 필요합니다. 많이 고민하고, 다양한 자료 조사를 하고, 채널의 구독자가 원하는 포인트를 잘 조합한다면 어느새 광고주가 먼저 찾아오는 채널로 성장해 있을 겁니다.

유튜브 채널 광고 기획안 작성 노하우

여러분이 광고 제안을 받으면 '광고 기획안' 양식을 받을 겁니다. 이 기획안을 통해서 여러분은 제작하고자 하는 영상의 방향성을 광고주에게 전달할 수 있습니다. 앞에서 연습했던 '채널 기획안'을 꼼꼼히 해봤다면 이번 광고 기획안도 어렵지 않게 작성할 수 있습니다. 다만 몇 가지 주의해야 할 내용이 있습니다.

먼저 광고 기획안을 만들 때는 '이 기획안을 보는 사람은 내 채널을 잘 모른다'라는 가정하에 작성해야 합니다. 실제로 많은 유튜버가 이 부분을 간과합니다. '이 사람은 당연히 내 채널을 잘 알고 있을 거야'라는 가정하에 기획안을 작성하는 겁니다. 하지만 여러분의 기획안을 검토할 광고주는 어느 정도 정보만 있을 뿐, 구독자처럼 채널에 대해 자세히 알지 못하는 경우가 대부분입니다. 그렇기 때문에 내 채널을 전혀 모르는 사람을 위해 작성한다는 생각으로 기획안을 써야 합니다. 그래야 채널익 매력 포인트, 구독사의 성향과 제품의 적합성, 그에 따른 광고 효과를 제대로 전달할 수 있습니다.

　다음으로는 광고주의 니즈에 맞춰 제품이나 서비스의 핵심이 충분히 반영된 기획안을 작성해야 합니다. 전문 용어로 이것을 소구점이라고 합니다. 광고주는 제품의 제조사이거나 서비스를 론칭한 기업입니다. 이들은 소비자가 원하는 제품과 서비스를 만들기 위해 오랜 시간 고민을 거듭했을 것이고 그 결과물이 바로 제안받은 제품이나 서비스입니다. 그렇기 때문에 광고주가 소비자에게 전달하고자 하는 핵심 포인트, 즉 소구점을 확실하게 파악하고 영상을 제작해야 합니다.

　이 두 가지 주의점을 기억하면서 광고 기획안을 작성하고 기획안을 바탕으로 광고 영상을 제작한다면, 해당 제품의 2차 광고는 물론 새로운 광고주를 만날 확률도 높아질 것입니다.

■ 광고를 부르는 광고 기획안 작성해 보기

[콘텐츠 캠페인 명]

채널명		크리에이터	
개설 년월		구독자	
채널 소개			

기획서 제안일	
1차 가원본 제안일	
업로드 일정	

영상 제목		
	Composition	Contents(변경 될 수 있음)
	Scene #1 Opening	
	Scene #2	
	Scene #3	
	Scene #4 Ending	

김형진 교수

"수업에서 배운 내용을 그대로 실천해 보세요."

3교시
한 달 만에 구독자 5천 명 만들기

1. 어떤 걸 찍어야 하지?

2. 어떻게 찍어야 하지?

3. 수익화는 어떻게 하지?

한 달 만에 구독자 5천 명 모으기

지금부터 살펴볼 '한 달 만에 구독자 5천 명을 모으는 노하우'는 제가 실제로 유튜브 채널을 개설하고 운영하면서 적용했던 방법입니다. 사실 이 챕터는 마법같이 새로운 방법을 알려드리는 것이 아닙니다. 지금까지 책에서 설명했던 방법을 그대로 적용해서 만들어낸 성공 사례를 구체적인 예시로 전달하는 수업입니다. 다시 말해, 앞에서 이야기한 내용들의 요약본이라고 생각하면 좋을 것 같습니다.

유튜브 채널을 본격적으로 시작하기에 앞서 제가 중요하게 고민했던 5가지 요소는 다음과 같습니다.

· 3What 이론을 적용해 보자.
· 카테고리가 넓은 채널을 고르자.

· 경쟁률이 낮은 카테고리를 선택하자.

· 지속성 있는 카테고리를 고르자.

· 하루에 1개 정도 업로드를 진행하자.

3What 이론 적용하기

제가 가장 먼저 적용한 것은 3What 이론입니다. 내가 무엇을 좋아하고, 무엇을 하고 싶고, 대중은 무엇을 보고 싶은지에 대해 정리하는 것이죠. 당시 저는 주식에 관심이 많았고 주식 투자를 잘하는 편이라고 생각했습니다. 내가 관심 있고, 잘하고, 또 콘텐츠를 만드는 과정에서 도움 되는 정보를 얻을 수 있을 것이라고 생각했기 때문에 채널의 큰 방향을 '주식'으로 정하고 시청자가 어떤 주식에 관심이 있는지 생각해 보았습니다.

카테고리가 넓은 채널 고르기

'주식'이라는 주제는 굉장히 넓은 카테고리였습니다. 그만큼 경쟁도 매우 치열했고요. 저는 카테고리는 넓지만 경쟁은 적은 채널을 만들고 싶었기 때문에 한 단계 더 고민하기 시작했습니다. 지금도 마찬가지지만 당시 국내 주식과 관련된 채널은 이미 너무 많았습니다. 그래서 고민 끝에 해외 주식을 주제로 잡았습니다. 하지만 해외 주식 또한 경쟁이 과열된 상태였습니다. 그래서 명확한 타깃팅을 통해 범위를 좁히기로 했고, 국내에서 가장 많이 구입하는 해외 주식을 조사했습니다. 조사 결과 1위는 테슬라, 2위는 애플 주식이었습니다. 조사 중에 테슬라 주식은 전문 유튜브 채널이 있다는 것을 알았고, 애플 주식과 관련된 채널은 없다는 것을 알아냈습니다.

경쟁률 낮은 카테고리 선택하기

이제 제가 할 일은 사람들이 실제로 애플 주식과 관련된 정보를 많이 검색하는지 객관적인 지표를 확인하는 것이었습니다. 저는 앞에서 말씀드린 검색어 분석 사이트 중 '블랙키워'를 통해 정량적인 정보를 파악했습니다. 결과적으로 애플 주식과 관련된 검색량은 한 달에 300만 건이 넘는데, 발행되는 콘텐츠 숫자는 약 1,000건 정도라는 사실을 발견했습니다. 유레카! 그때 제가 마음속으로 외친 말이었습니다. 한 달에 무려 300만 건 이상 검색이 되는데 발행되는 콘텐츠가 1,000개뿐이라니! '이건 무조건 하면 된다'라는 확신이 생긴 순간이었습니다.

지속성 있는 카테고리 고르기

주식과 관련된, 특히 국내에서 많이 거래되는 애플 주식과 관련된 정보는 전 세계에서 계속 생산되기 때문에 소재가 고갈되거나 콘텐츠 소스를 찾으려 고민할 필요가 적었습니다. 자연스럽게 지속성 있는 카테고리에 대한 조건까지 충족된 겁니다.

하루에 1개 정도 업로드하기

그렇게 애플 주식 관련 채널을 시작했고, 첫 영상부터 조회 수가 3만이 나오는 놀라운 결과가 나왔습니다. 주말이나 너무 바쁜 평일을 빼고는 콘텐츠도 꾸준히 올렸습니다. 그러자 채널 오픈 한 달 후, 구독자가 5천 명이 되었습니다.

유튜브 채널 운영은 첫 단추가 제일 중요합니다. 그 첫 단추를 잘 끼우는 방법이 바로 '카테고리'와 '구독자 설정'입니다. 제가 말씀드린 5가지 방법을 통해 여러분의 채널 방향을 설정해 보세요. '매일매일 꾸준히만 올리면 되겠지', '영상 퀄리티를 엄청 좋게 찍으면 사람들이 많이 보겠지'와 같은 막연한 생각이 아닌, 구체적이고 현실적인 방향을 잡을수록 성공 가능성이 높아질 겁니다.

어떻게 찍어야 하지?

저는 처음부터 애플 주식 채널을 강의에 사용할 레퍼런스(참고 자료) 목적으로 만들었기 때문에, 영상을 너무 전문적으로 제작하면 대부분의 수강생에게 도움이 안 될 것이라고 생각했습니다. 그래서 선택한 영상 제작 방법이 'zoom'이었습니다. 기본적으로 유튜브를 시작하겠다고 마음먹었다면 노트북이나 컴퓨터는 있을 것이고, 웹캠은 마트에서 3만 원이면 구입할 수 있기 때문에 값비싼 장비가 없어도 누구나 영상을 찍을 수 있는 방법인 'zoom'을 선택했던 것이죠. 촬영할 콘텐츠의 내용을 파워포인트로 작업하고 컴퓨터 화면을 'zoom'으로 녹화하면서 영상을 제작했습니다. 제 얼굴도 나오지 않았고요. 완성된 영상에는 파워포인트 자료와 제 목소리만 등장했습니다. 그럼에도 영상의 반응은 한 달 만에 구독자가 5천 명이 될 정도로 좋았습니다.

저의 실제 경험을 통해 말씀드리고 싶은 점은 만약 여러분이 비싼 카메라,

조명, 편집 프로그램 등을 갖추기 어려운 상황이라면 그것이 필요하지 않은 채널을 기획하면 된다는 것입니다. 물론 모든 장비를 세팅하고 시작하면 좋겠지만, 그렇게 하지 않아도 채널 기획만 탄탄하다면 원하는 결과를 얻을 수 있습니다. 그렇기 때문에 앞에서 말씀드린 채널 기획에 많은 시간과 노력을 들여야 합니다.

어쩌면 여러분도 노트북과 3만 원 짜리 웹캠만으로 한 달만에 구독자 5천 명을 만들 수도, 그보다 더 좋은 결과를 얻을 수도 있을 겁니다.

수익화는 어떻게 하지?

제가 처음부터 목적했던 수익화 방법은 '조회 수 수익'이었습니다. 다른 외부적인 광고 요소보다는 조회 수 자체에 집중해서 수익을 만드는 것으로 방향을 잡았고, 한 달 동안 채널에서 나온 조회 수 수익을 결과치로 생각했습니다. 앞에서 말씀드린 것처럼 조회 수 수익을 얻는 유튜브 채널이 되려면 최소한의 조건이 있습니다. 구독자 1천 명과 누적 시청 4천 시간입니다. 애플 주식 채널의 경우 채널 오픈 후 열흘 만에 수익화 조건을 충족했습니다. 그래서 정확히 20일 만에 벌어들인 수익이 결과치가 되었습니다. 결과적으로 130만원 정도 수익이 발생했는데, 그 과정에서 제가 들인 채널 운영 시간은 하루 1시간 정도였습니다.

저의 수익화 결과를 보고 '유튜브로 돈 벌기 쉽네?'라고 생각하는 분이 계실 수 있을 겁니다. 하지만 우리가 취업해서 돈을 벌기까지 학교 공부라든가 아르바이트 경험 등 오랜 시간이 필요합니다. 반면에 많은 사람들이 유튜브 구독자를 모으거나 수익을 얻는 일을 너무 쉽게 생각하고 달려듭니다. 첫 취업을 하고 월급을 받기까지는 그렇게 오랜 시간 노력했는데 왜 유튜브로는 쉽게 돈을 벌 수 있을 거라고 생각할까요? 유튜브도 어느 정도 노력이 필요합니다. 그럼에도 한 가지 확신할 수 있는 점은 여러분이 회사에 취업하기 위해 들였던 그 어떤 노력보다 유튜브 채널을 통한 수익 창출은 더 쉬울 거라는 겁니다. 그냥 단순하게 '유튜브 한다'라고 생각하지 말고, 정확한 기획과 명확한 수익화 목표를 세우고 시작해 보세요. 분명 여러분도 유튜브를 통해 지금보다 더 좋은 성과를 얻을 수 있을 겁니다.

강민형 교수

"유튜브가 주는 기회를 놓치지 마세요. 여러분은 준비되어 있습니다."

4교시
유튜브가 당신에게 새로운 기회가 되기를

1. 우리 주변에 있는 유튜버 이야기

1. 우리 주변에 있는 유튜버 이야기 ▶

우리 주변에 있는 유튜버 이야기

유튜브 크리에이터로 활동하게 되면 시공간의 벽을 넘어 더 많은 사람과 소통할 수 있습니다. 또한 내가 만든 채널을 통해 기존의 직업적 정체성은 유지하면서 새롭게 활동할 수 있는 무대를 만나기도 합니다. 유튜브를 통해 새로운 포트폴리오를 쌓아 새로운 직업을 갖기도 하고, 상상하지 못했던 비즈니스의 기회를 만날 수도 있죠. 물론 물질적인 보상도 얻을 수 있습니다. 여러분이 이 기회를 놓치지 않았으면 좋겠습니다. 그리고 '유튜브 교과서'가 그 기회를 구체화하는 데 작게나마 도움이 되길 바랍니다.

책을 마무리하며 유튜브 교육 과정에서 만난 다양한 수강생의 실제 성공 사례를 소개하려고 합니다. 유튜브 스타의 이야기는 미디어를 통해 쉽게 접할 수 있으나, 조회 수나 구독자 수가 높지 않지만 나름대로의 성공을 거두고 있는 '내 주변 유튜버'의 생생한 경험담은 상대적으로 접하기 어렵습니다. 지금부터 소개하는 사례가 유튜브 시작을 고민하는 여러분께 큰 용기가 되길 바랍니다.

1. 식물 유튜버 A씨

식물을 판매하는 A씨는 유튜브 양성 과정 수료 후, 식물 유튜버로 자리매김했습니다. 콘텐츠 대회에서 수상할 만큼 확고한 주제와 재미있는 입담으로 채널을 운영하고 있습니다. 식물에 대한 전문성을 바탕으로 본업에도 큰 도움을 받고 있습니다.

2. 인테리어 유튜버 B씨

인테리어 유튜브를 시작하고 나서 방송 문의가 쇄도했습니다. 인테리어를 점검해 주고 가구 배치나 소품 활용을 통한 인테리어 팁을 전달하고 있습니다. 어느새 유명 브랜드에서 강연 요청을 받아, 현재는 강사로도 활동하고 있습니다.

3. 예비 작가 C씨

자신의 삶에 대해 속 시원히 털어놓은 영상을 업로드하자 출간 제의를 받았습니다. 구독자 수가 많은 것도, 조회 수가 높은 것도 아니었는데 유명 출판사에서 연락을 받아 놀랐다고 하네요. 현재는 정식 작가가 되기 위한 준비를 하고 있습니다.

4. 공부 유튜버 D씨

공부 팁을 나누면서 'Study with me'를 업로드했더니 원하는 시험에 합격

했습니다. 유튜브 없이 혼자 공부했다면 지치고 힘들 때 공부를 소홀히 했을 것 같다고 말합니다. 유튜브와 함께 자기 계발을 하고 시험에도 합격한 지금은 유튜브를 시작하지 않았으면 어땠을지 생각만 해도 아찔하다고 하네요.

5. 물고기 유튜버 E씨

사랑하는 반려 물고기를 자랑하는 영상을 올리고 '물생활'이라는 취미를 업로드했는데 어느 날 광고 문의가 들어왔습니다. 처음에는 '왜 나에게 광고를 맡기는지?'라고 의심했지만, 미팅을 통해서 물생활과 관련된 업체임을 알았고 광고비를 받고 광고 영상을 제작했습니다. 내가 좋아서 시작한 취미 활동으로 돈을 벌 수 있다니 신기하다고 하네요.

6. 공방 대표 F씨

자신이 운영하는 공방의 제품을 알리기 위해 유튜브를 시작했는데, 몇몇 콘텐츠 공모전에서 수상하면서 크리에이터로도 활발하게 활동하고 있습니다. 영상을 보고 강의 요청, 사업 지원이 다양하게 들어와 유튜버가 된 요즘 행복한 비명을 지르는 중입니다.

7. 키즈 유튜버 G씨

운영 중인 채널 성장을 위해 유튜버 양성 과정을 들었는데, MCN 담당자의 눈에 들어 현재 유튜브 강사로 활동 중입니다. 배운 내용, 나만의 경험을 통해 유튜브 노하우를 전달하며 많은 사람에게 도움을 주고 있습니다.

8. 취미 유튜버 H씨

나만의 취미를 유튜브에 업로드했더니 영상에 있는 활동을 직접 따라 할 수 있도록 제품을 판매해달라는 요청을 받았습니다. 그때부터 준비물을 모아 키트를 제작해 판매하기 시작했고, 취미로 제작한 작품에 대한 판매 문의도 늘어나 현재는 전문 온라인 쇼핑몰을 구상 중입니다.

에피소드 04
440만 구독자 '라온'의 성공 노하우 인터뷰

라온(Raon)은 주로 일본곡과 애니메이션 노래 커버 영상을 제작하는 대표적인 뮤직 크리에이터입니다. 440만이 넘는 글로벌한 팬층을 보유하고 있으며, 2022년부터 유튜브를 넘어 유니버셜 뮤직 재팬과 일본 무대에도 진출하였습니다.

Q : 어떤 계기로 유튜브를 시작하셨나요?

유튜브를 시작하기 전 저의 직업은 치위생사였습니다. 아주 어렸을 때부터 애니메이션과 노래에 관심이 많아서 노래하는 성우가 되고 싶었지만, 여러 가지 이유로 꿈을 포기하고 취업을 위해 치위생학과로 진학했습니다. 치위생사 자격증을 취득하고 안정적인 직장을 얻은 후, 제가 좋아하는 일을 취미로나마 시작하고 싶은 마음이 들었습니다. 그래서 2014년 즈음에 다시 노래를 부르기 시작했고, 영상을 업로드하면서 뮤직 크리에이터로서 제2의 직업을 갖게 되었습니다.

유튜브를 시작한 이유는 간단합니다. 좋아하는 노래를 부르고 있는 행복한 제 모습을 오래도록 남겨두고 싶었기 때문입니다. 동영상 업로드 플랫폼으로 유튜브를 선택했는데, 그 당시에는 유튜브로 돈을 벌 수 있다는 사실조차 몰랐답니다.

Q : 콘텐츠를 기획할 때 가장 중요하게 생각하는 점은 무엇인가요?

교과서적으로는 콘텐츠의 화제성, 크리에이터의 독창성 등 여러 요소가 있겠지만, 그 무엇보다 제가 가장 중요하게 생각하는 것은 '나 자신이 진심으로 즐길 수 있는 콘텐츠를 만드는 것'입니다. 많은 구독자분들이 제가 노래하는 모습을 보고 긍정직이고 행복한 기운을 얻는다고 말씀하십니다. 크리에이터가 콘텐츠를 제작할 때 어떤 마음가짐으로 임하고 있는지에 따라 그 기운은 반드시 시청자에게 닿기 마련입니다. 오직 돈을 벌기 위해서, 단지 일을 하기 위해서 콘텐츠를 억지로 제작한다면, 결국은 본인마저 꾸준히 지속할 수 없는 일이 될 것입니다. 그렇기 때문에 본인이 진정으로 즐기고 행복할 수 있는 콘텐츠를 기획하는 것이 근본적으로 가장 중요하다고 생각합니다.

Q : 글로벌 팬들이 많은데, 글로벌 타깃의 채널을 운영할 때 노하우나 주의할 점은 무엇일까요?

글로벌 팬이 많은 만큼, 국내분만 아니라 세계적으로 유행하고 있는 트렌드를 꾸준히 접하고 연구해야 합니다. 한국과 글로벌 두 타깃층의 트렌드는 시기에 따라 매우 다를 수 있기 때문에 양쪽의 니즈를 모두 충족시키기 위해서 매주 곡 선정에 대해 세심하게 고민하는 편입니다. 만약 이번 주에 한국 구독자분들이 좋아할 콘텐츠를 제작했다면, 다음 주에는 글로벌 구독자분들이 좋아할 콘텐츠를 제작합니다. 어느 한쪽에 편향된 콘텐츠가 아닌 두 그룹 모두를 만족시킬 수 있는 콘텐츠를 제작하는 것이 중요합니다.

또한 글로벌 팬들을 위해 해외 크리에이터와 콜라보레이션 콘텐츠를 제작하는 것도 많은 도움이 됩니다. 서로의 시청자층을 공유할 수 있고, 두 크리에이터의 시청자가 만나 새로운 커뮤니티를 형성하면서 또 다른 채널 성장으로 이어지는 전환점이 될 수 있습니다.

Q : MCN에 들어가게 된 계기가 있으셨나요? 혼자 채널을 운영할 때와 MCN에 소속되었을 때의 가장 큰 차이점은 무엇인가요?

채널 규모가 점점 성장하면서 콘텐츠 제작 외의 다른 일(광고 제의, 공연 개최 등)을 직접 수행하는 데 어려움을 느꼈습니다. 이처럼 도움이 절실했을 때 우연한 계기로 MCN과 미팅을 갖게 되었고 그 만남을 시작으로 MCN에 들어가게 되었습니다.

혼자 채널을 운영할 때는 광고를 받아서 진행시키는 과정 자체가 부담으로 느껴졌습니다. 또한 아무런 도움 없이 단독 콘서트와 팬미팅도 주최해 봤지만, 체계적인 프로세스를 갖추지 못해 만족스럽지 못하게 마무리되곤 했습니다. MCN에 소속되고 나서는 이런 근본적인 고민을 쉽게 해결할 수 있었고, 필요할 때 적절한 도움을 받으며 채널 운영에 좀 더 집중할 수 있게 되었습니다. MCN은 크리에이터를 보호해 주고 때로는 함께 성장해 나가며 이익을 주고받는 공생 관계라고 생각합니다. 건전한 콘텐츠 제작과 채널 성장을 유도하는데 중요한 에너지가 될 수 있습니다.

Q : 라온님이 생각하는 채널 성공 비결은 무엇인가요? 채널이 꾸준히 성장한 편인지, 아니면 특정 시점에 킬러 콘텐츠가 있었는지 궁금합니다.

제가 생각하는 채널의 성공 비결은 꾸준함입니다. 유튜브 알고리즘에서 어떤 콘텐츠가 노출될지, 어떤 콘텐츠가 대중에게 선택받을지는 개인이 예측할 수 없습니다. 다만 시청자에게 나의 콘텐츠를 꾸준히 노출시키는 것이 대중의 선택을 받는 가장 핵심적인 요소가 될 수 있습니다. 저는 4년 넘게 특별한 일이 없는 한, 1주 1곡을 꾸준히 업로드하고 있습니다. 그 노력으로 제 채널은 계속해서 성장했고 440만 채널이라는 소중한 결실을 이루었습니다.

물론 저에게도 특정 시점의 킬러 콘텐츠는 있었습니다. 바로 현재 제 채널에서 가장 많은 조회 수를 기록하고 있는 나루토 OP16의 '실루엣'이라는 노래입니다. 2024년 초 기준으로 1억 조회 수를 기록하고 있는 이 콘텐츠는 2015년 5월 5일에 업로드된 곡입니다. 그 당시 해외 유명 커뮤니티 사이트 '9GAG'에 우연히 올라가면서 많은 해외 구독자분들이 유입되었습니다. 그 덕분에 좀 더 빠르게 채널이 성장할 수 있었습니다.

Special Page
유튜브, 나를 찾아줘!

"유튜브를 이용해 나의 취향을 발견하고
자신의 능력을 계발해 보기 바랍니다."

강민형 교수

지금부터 소개하는 내용은 유튜브 채널 운영에 관련된 것은 아니지만, 앞으로 여러분이 유튜브를 운영하는데 큰 도움이 될 수 있는 이야기입니다. 바로 유튜브를 통해서 자신의 취향을 발견하고 효과적으로 자신의 능력을 계발하는 방법인데요, 제가 운영하는 유튜브랩에서도 인기 있는 강의입니다. 그럼 지금부터 함께 알아보겠습니다.

1. 유튜브 피드로 나를 알 수 있다고?

영수증을 보면 어디서 돈을 썼는지 알 수 있고, 사진첩을 보면 무엇을 소중히 여기는지 알 수 있습니다. 비슷하게 유튜브 피드를 보면 어떤 콘텐츠를 즐겨보는지 알 수 있죠. 유튜브 피드를 가만히 들여다보세요. 내가 좋아하는 크리에이터가 나오는 영상, 즐겨보는 장르, 관심 있는 뉴스, 자주 듣는 음악, 챙겨 보는 방송 등이 모습을 드러냅니다. 어서 나를 클릭해 보라고, 얼마나 재미있을지 기대되지 않냐며 매력적인 모습을 뽐내죠.

유튜브 알고리즘은 '적절한 때'에 '적절한 시청사'에게 '적절한 영상'을 추천합니다. 영상을 본 이력을 바탕으로 시청자가 흥미로워할 만한 콘텐츠를 찾아냅니다. 이때 유튜브는 시청자가 본 영상, 보지 않은 영상, 본 영상 중에서 시청 지속 시간이 긴 영상 등의 데이터를 종합하기 때문에 우리는 추천 영상의 유혹에서 자유로울 수 없습니다.

가끔씩 내가 안 봤고, 관심도 없는 영상을 추천하기도 합니다. 이런 경우 나와 비슷한 시청자, 혹은 대한민국이 모두 지켜보는 콘텐츠가 뜨는 것이죠. 하지만 대부분은 내 취향에 부합하는 콘텐츠가 피드를 차지합니다. 그래서 유튜브 영상을 많이 볼수록 유튜브는 내 취향을 더욱 정확하게 맞춥니다. 나보다 나를 더 파악하려고 데이터를 연구하고 복잡한 알고리즘까지 동원하는 유튜브잖아요. 동시에 이것을 반대로 이용하면 유튜브 피드로 나를 더 잘 이해할 수 있습니다.

유튜브랩은 유튜브 제작 기술뿐만 아니라 신선하고 재미있는 수업도 다양하게 진행합니다. 그중에 하나가 바로 '유튜브 대화법'입니다. 자신을 잘 파악하기 위한 '나와 나의 대화법'은 물론 부모와 자녀, 부부, 시작하는 연인, 아이스브레이킹을 위한 대화법까지 유튜브 피드만으로 해볼 수 있는 대화법 콘텐츠는 매우 다양합니다. 유튜브 피드를 가지고 서로의 관심사, 좋아하는 영상, 여가 시간을 보내는 방법을 알 수 있기 때문입니다. 이 과정에서 자연스럽게 이야깃거리가 생기게 되죠. 물론 누군가에게 영수증을 온전히 보여주거나 사진첩을 공개하는 것이 꺼려질 수 있는 것처럼 피드를 밝히는 것이 부담스러울 수도 있습니다. 이럴 때는 '나중에 볼 동영상'으로 저장해 둔 영상이나 '좋아요'를 누른 영상을 활용할 수 있습니다. 이 공간은 공개 전 편집이 가능합니다. 서로 이야기를 나누기 전, '좋아요'를 취소하거나 '나중에 볼 동영상'에서 내용을 지우면 공개에 대한 부담이 줄어듭니다.

유튜브 대화법은 전문가가 진행했을 때 더 좋은 결과가 나오는 강의입니다. 유튜브 플랫폼에 대한 이해, 알고리즘에 대한 이해, 콘텐츠에 대한 이해가 두루 필요하기 때문이죠. 하지만 독자 여러분도 유튜브 피드를 이용해 나와 더 친밀해지는 시간을 가져 보길 바라며 강의 내용 일부를 살짝 공개하겠습니다.

유튜브 피드로 알아보는 '나와 나를 위한 대화'

유튜브 피드를 보면서 다음 질문에 답해보세요. 솔직한 모습을 알기 위해 질문을 읽고, 머릿속에 바로 떠오르는 생각을 적어보기 바랍니다.

1. 나와 나, 우리의 시작

- 내가 태어난 연도를 유튜브에서 검색해 본 적이 있나요?

- 있다면 왜 검색해 봤나요?

- 영상을 보고 어떤 느낌이 들었나요?

- 없다면 지금 한번 검색해 보세요. 어떤 느낌이 드나요?

2. 과거의 유튜브 경험

- 언제부터 유튜브를 보기 시작했나요?

- 내가 주로 유튜브를 보던 기기는 뭘까요?

- 주로 어디에서 시청했나요?

- 예전에는 피드에 자주 떴지만, 지금은 거의 없는 영상 장르가 있나요?

- 예전에 본 영상 중에서 가장 충격적인 영상은 무엇인가요? 왜 충격이었나요?
- 예전부터 지금까지 내 피드에 계속 등장하는 크리에이터는 누구인가요?

3. 현재의 유튜브 경험

- 지금 유튜브를 볼 때 가장 편한 자세는 무엇인가요?
- 유튜브 볼 때 최고의 간식은 무엇인가요?
- 지금 유튜브 피드 가장 위에 나오는 것은 어떤 영상인가요?
- 당장 보고 싶은 영상은 어떤 건가요? 왜 보고 싶나요?
- 혹시 보고 싶지 않은데 자꾸 추천되는 영상이 있나요?
- 잠들 때쯤 보면 좋을 만한 영상이 있나요?
- 시청했지만 또 보고 싶은 영상은 어떤 건가요? 어떤 기분이 드나요?
- 사랑하는 사람에게 가장 추천하고 싶은 영상은 무엇인가요?

4. 미래의 유튜브 경험

- 내일 내 피드에는 어떤 영상이 추천될 것 같나요?
- 앞으로 보고 싶은 영상은 어떤 주제들이 많을까요?
- 절대로 보고 싶지 않은 영상은 어떤 것일까요?
- 내 피드에는 어떤 영상이 주로 추천되었으면 좋겠나요?
- 내가 영상을 만든다면 누구를 위한 콘텐츠를 만들게 될까요?

어떤가요? 유튜브 피드만 가지고도 정말 많은 질문을 할 수 있죠? 금방 대답할 수 있는 질문도 그렇지 않은 질문도 있었을 거예요. 괜찮습니다. 대답이 선뜻 나오지 않는다면 '어렵네. 다음에 해야지'라며 넘어가도 좋아요. 대답을 꾸며내지만 않는다면 이 질문은 얼마든지 다시 또 할 수 있으니까요. 질문에 답하면서 새로운 질문이 떠오른다면 망설이지 말고 '나만의 질문지'를 만들어 보세요. 제 수업 때 나왔던 재미있는 질문 몇 가지를 공개하겠습니다.

- 한 번 보면 멈출 수 없는 영상 장르는?
- 다른 일을 할 때 재생시키는 영상이 있다면?
- 대중교통을 이용할 때 주로 보는 채널은 무엇인가요?
- 우리 집 고양이가 나에게 추천하고 싶은 영상이 있다면 무엇일까요?

  왜 그렇게 생각하나요?
- 멀리 사는 동생에게 공유하고 싶은 영상과 그 이유는?
- 얄미운 동료에게 추천하고 싶은 영상이 있다면?

  그 동료가 영상을 본다면 뭐라고 할까요?

나에게 하는 질문도 있지만 주변 사람, 반려동물과 관련된 질문도 있습니다. 대상만 바꿔도, 약간의 수정만 거쳐도 대답하고 싶은 흥미로운 질문을 계속 만들 수 있습니다. 자, 이제 커피 한잔하면서 나와의 시간을 가져보세요. 유튜브 피드를 통해 나 자신을 계속 발견할 수 있습니다. 나에 대한 이해가 높아질수록 콘텐츠에 대한 아이디어도 쏟아지게 될 거예요.

2. 유튜브와 자기 계발

여러분은 어떤 방법으로 자기 계발을 하고 계시나요? 예전에는 주로 책이나 강의를 통해서, 혹은 주변의 좋은 멘토를 통해서 자기 계발을 했습니다. 요즘은 어떤가요? 물론 지금도 앞에서 말한 방법이 자기 계발의 중요한 수단이지만, 최근에는 이런 것에 더해 유튜브가 부각 받고 있습니다. 유튜브로 강의도 듣고, 운동도 하고, 전문 분야의 지식도 쌓고, 마음의 안정도 찾을 수 있으니까요. 이처럼 유튜브로 배울 수 있는 자기 계발의 범주는 매우 넓고 방대합니다. 그중에서 크리에이터인 여러분께 도움을 주는 분야가 어떤 것이 있는지 알아보겠습니다.

동기 부여에 좋은 유튜브 채널

'유튜버에게 가장 도움을 주는 채널이 무엇인가요?'라고 묻는다면, 동기부여 채널이라고 말씀드릴 수 있습니다.(유튜브랩도 매우 유용하답니다.) 영상 제작도 중요하지만 유튜브 채널 운영은 꾸준함과 끈기가 필요한 활동이기 때문입니다. 유튜브 교과서를 통해서 기획 노하우, 제작 기술, 유튜브 트렌드를 배웠더라도, 채널 운영은 결국 '여러분의 몫'입니다. 크리에이터 활동은 혼자서 운동을 하거나 영어 공부를 할 때처럼 쉽지 않은 일입니다. 그래서 매 순간 스스로에게 동기 부여가 필요합니다.

동기 부여 영상은 말 그대로 시청자에게 동기를 부여하는, 다짐과 실천을 자극하는 영상입니다. 위기를 극복한 사례나 새로운 도전과 성공에 대한 이야기를 듣다 보면 가슴이 뜨거워집니다. 영상을 보고 있으면 스스로 부끄러워지기도, 자랑스러워지기도 합니다. 저도 영상을 보며 느슨해진 자신을 다잡는 경우가 많습니다. 동기 부여 영상이 저에게는 일종의 정신적인 에너지 드링크 같은 역할을 해줍니다.

동기 부여 콘텐츠의 대표 채널은 TED입니다. 세계 유수의 강사들이 자신의 이야기를 가감 없이 들려줍니다. TED뿐만 아니라 요즘은 동기 부여, 자기 계발 전문가가 유튜브 채널을 활발히 운영하고 있습니다. 세계적인 스타 코치의 강연도 클릭 한 번이면 볼 수 있고요. 주의할 점은 지나치게 자극적이고 불안을 조장하는 영상도 있다는 것입니다. 먼저 여러분의 생각과 기준을 바로 세우고 영상을 소비해야 합니다.

유튜브는 동기 부여 콘텐츠의 뷔페 같은 곳입니다. 천천히 구경한 다음, 여러분께 힘을 주는 영상 하나를 찾아보세요. 유튜브 운영이 힘들 때, 여러분을 바로잡아줄 수 있을 겁니다.

미라클 모닝(Miracle Morning)

개인적으로 유튜브 크리에이터에게 꼭 필요한 부분이 '자기 돌봄'이라고 생각합니다. 기획, 촬영, 편집, 업로드, 시청자와 소통까지 하다 보면 몸이 두 개라도 모자랍니다. 1인 미디어 형태로 홀로 채널을 운영하는 유튜버는 '번 아웃'이 오기도 쉽습니다. 오래도록 유튜브를 하기 위해서는 자기 자신을 잘 돌봐야 합니다. 이때 활용하기 좋은 자기 계발법 중 하나가 '미라클 모닝 (Miracle Morning)'입니다.

2016년, 미국에서 시작된 미라클 모닝은 베스트셀러 작가 '할 엘로드'의

서적에서 나온 개념입니다. 이름에서 알 수 있듯이, 아침 시간을 잘 활용하는 방법이죠. 아침형 인간과 유사해 보이지만, 아침형 인간이 성공을 목표로 둔다면 미라클 모닝은 스스로를 잘 돌보는 것이 목표입니다. 미라클 모닝을 통해 '자기 관리'와 '자기 돌봄'에 투자하다 보면 작은 목표를 이룰 때 성취감과 자신감이 높아지는 경험을 할 수 있습니다. 이른 아침 일어나 나를 위한 시간을 갖는 것만으로도 무엇이든지 할 수 있다는 용기를 주기에 충분합니다.

이런 이유로 마음이 지치거나, 나를 위한 시간이 전혀 없는 크리에이터에게 미라클 모닝이 필요합니다. 누구의 방해도 받지 않는 나만의 아침 시간을 통해 자신을 발견하고, 계획을 차분히 실천할 수 있습니다. 유튜브에서 미라클 모닝을 검색하면 실천 방법, 노하우, 실패담 등 다양한 콘텐츠를 만날 수 있습니다. 다만 제가 만난 많은 크리에이터는 주로 늦은 새벽까지 작업하는 올빼미 유형이 많았습니다. 이런 분들에게는 미라클 모닝이라는 새로운 프로젝트가 오히려 스트레스로 다가올 수 있습니다. 미라클 모닝을 시작했는데 원하는 시간에 눈을 뜨지 못하면 실패했다는 감정에 휩싸이기 때문이죠.

성취감과 자신감을 갖기 위해서 시작한 일인데 역효과가 일어나면 안 되겠죠? 이런 경우, 먼저 정해진 시간에 기상하는 것부터 시작해 보세요. 하루아침에 새벽에 일어나겠다는 무리한 시도보다 여유를 갖고 시작하는 것이 더 좋은 방법입니다.

스터디윗미(Study with Me)

'나와 함께 공부해요'라는 뜻인 '스터디윗미(Study with Me)'는 주로 공부하는 모습을 전달하는 콘텐츠입니다. 말도 하지 않고 같은 자세와 구도로 공부하는 모습을 보여줍니다. 연필 소리, 책장 넘기는 소리만 영상을 메웁니다. 최근에는 빗소리나, 장작 타는 소리처럼 집중하는 데 도움을 주는 백색소음이나 잔잔한 연주곡을 배경 음악으로 활용하기도 합니다.

스터디윗미는 공부하는 학생에게 온라인 독서실의 역할을 톡톡히 해내고 있습니다. 열심히 공부하는 사람의 모습을 실시간으로 보면서 '나도 열심히 공부해야겠다'는 자극을 받는 거죠. 영상을 보는 시청자들이 실시간 채팅이나 댓글로 출석체크를 하기도 합니다. 출석체크를 잘하던 시청자가 나타나지 않으면 서로 답글을 달며 공부하러 오라고 응원의 채찍질을 하기도 한답니다. 그 때문인지 스터디윗미는 재택근무를 하는 직장인, 언제 어디서든 작업을 할 수 있는 디지털 노마드와 프리랜서에게 좋은 페이스메이커(Pace maker) 역할을 합니다. 매일매일 조금씩 기획, 촬영, 편집을 해야 하는 유튜브 크리에이터에게도 스터디윗미는 꾸준한 활동을 돕는 조력자가 될 수 있습니다. 스스로 시간 관리와 에너지 분배가 어려운 분이라면 스터디윗미 영상과 함께 차근차근 유튜브에 도전해 보길 추천합니다.

원하는 하루를 만들기 위해 '미라클 모닝'으로 나를 일으키고, 영상을 만들기 싫을 때 '동기 부여 영상'으로 마음가짐을 새롭게 하고, '스터디윗미'로 응원과 자극을 받아보세요. 그렇게 꾸준히 창작 시간을 채우면 어느새 여러분의 채널을 빛내 줄 멋진 작품이 완성되어 있을 겁니다. 혼자서 유튜브 채널을 운영한다는 생각이 들 땐, 지금까지 소개해 드린 내용을 밑져야 본전이라고 생각하면서 꼭 한 번씩 적용해 보길 바랍니다.

3. 유튜버의 성장을 돕는 실용 콘텐츠

옥스퍼드 이코노믹스와 유튜브가 제작한 '한국의 기회를 위한 플랫폼 : 한국 내 유튜브의 경제적, 사회적, 문화적 영향력 평가' 2021년 보고서에 따르면 유튜브 사용자의 92%가 실용적 스킬 개발을 위해 유튜브를 시청한다고 합니다. 외국어, 재테크, 독서, 비즈니스 스킬, 운동 등 스킬 개발 콘텐츠 분야는 매우 다양합니다. 이 중 유튜브 크리에이터에게 실질적인 도움을 주는 콘텐츠와 그 이유를 소개하면서 스페셜 페이지를 마치겠습니다.

어학 공부

외국어 공부는 크리에이터에게 매우 중요한 분야입니다. 외국어가 가능하면 국내를 넘어 해외 시청자까지 구독자로 만들 수 있습니다. 어떤 분들은 글로벌 콘텐츠를 위해 자막 서비스를 사용하면 되는데, 굳이 어학 공부를 따로 해야 하는지 의문이 들 수도 있습니다. 구글 번역기, 네이버 파파고 같은 서비스도 매우 정확하게 번역을 해주고 있고요.

하지만 크리에이터의 성장을 위해 어학 공부가 필요한 이유는 단순히 콘텐츠의 번역에만 있는 것이 아닙니다. 어학 공부 과정 자체가 크리에이터에게 도움이 되기 때문입니다. 한 나라의 언어를 배우는 일은 그 나라의 문화와 역사를 배우는 일입니다. 새로운 문화와 역사를 공부하다 보면 기존 지식 안에서만 제작하던 콘텐츠의 범위가 확장될 수 있습니다. 소재와 주제가 다채로워지고, 서로 융합하는 과정을 통해 독특한 콘텐츠를 만들 수도 있죠.

어학 공부를 추천하는 또 다른 이유는 더 많은 자료를 얻을 수 있기 때문입니다. 우리는 책을 통해 유튜브 콘텐츠를 읽는 방법에 대해 배웠습니다. 이때

외국어가 가능하면 해외 유튜브 영상을 읽으며 개성 있는 스타일을 배울 수 있습니다.

크리에이터에게 어학 공부를 추천하는 마지막 이유는 어학 공부가 시간 절약을 돕는 취미이기 때문입니다. 크리에이터는 늘 시간이 빠듯합니다. 이때 짧은 영상을 시청하는 것만으로 어학 공부를 할 수 있으니 얼마나 좋은 취미인가요. 학원이나 학습지를 하지 않아도 되니 비용적인 면에서도 훌륭합니다. 어학 공부는 지루하지만 어느 순간 자신의 실력이 향상된 것을 알았을 때 정말 짜릿함을 느낄 수 있습니다. 언젠가 해외 유명 크리에이터와 소통할 날을 생각하며 공부해 보는 것은 어떨까요?

운동

건강 문제는 대부분의 크리에이터들이 공통적으로 힘들어하는 부분입니다. 화면을 너무 오래 봐서 눈이 불편한 분들도 많고, 오래 앉아서 편집을 하다 보니 손목과 허리, 목에 무리가 오거나 움직임이 적어져 살이 찌고 체력이 떨어지는 경우도 많습니다. 이런 문제는 현대인이라면 다 있는 병이라고요? 하지만 크리에이터에게는 숨겨진 복병이 하나 더 있습니다. 바로 불안정한 취침과 기상 시간입니다. 혼자 작업을 하는 경우, 눈 뜨면 출근이고 잠들면 퇴근인 생활이 이어지기 쉽습니다. 그래서 많은 크리에이터들이 불면증과, 수면 부족으로 고통받고 있죠.

그래서 필요한 것이 운동입니다. 불편한 근육을 유연하고 강하게 단련하기 위해서, 건강한 체중을 유지하기 위해서 그리고 양질의 수면을 위해서 운동이 필요합니다. 운동의 유익함에 대해서는 다들 잘 알고 계실 테니 여기까지만 이야기하겠습니다.

유튜브에는 건강 문제를 겪고 있는 크리에이터의 영상이 많습니다. 나와 비슷한 사례가 있는지 찾아보고 어떻게 극복했는지, 어떤 변화를 주었는지 확인해 보세요. 유튜브를 오래도록 하고 싶다면 나를 먼저 단련해야 합니다.

기술 개발

유튜브를 통해 향상시킬 수 있는 기술은 매우 다양합니다. 가장 먼저 크리에이터에게 필요한 기술인 '촬영과 편집'이 있습니다. 자신이 주로 사용하는 장비나 프로그램을 다루는 유튜브 채널을 찾아보세요. 양질의 콘텐츠를 제공하는 10개 이상의 채널을 금방 찾을 수 있을 겁니다.

크리에이터에게는 '독서 기술'도 필요합니다. 직접 책을 읽는 것이 기획과 운영에 도움을 주는 최고의 방법이지만, 우리는 책 한 권을 10분이면 요약해 주는 북튜버의 도움을 받을 수도 있습니다.

수입의 변동성이 큰 크리에이터에게는 '재테크'도 큰 관심의 대상입니다. 재테크 기술도 유튜브로 배울 수 있습니다. 주기적으로 업로드하는 허브 콘텐츠와 라이브 스트리밍, Shorts 등을 통해 시의적절한 정보를 알려주는 유튜버가 많기 때문입니다. 빠르게 변하는 경제 상황에 대처할 수 있는 좋은 정보가 유튜브에는 정말 많이 있습니다.

오래가는 유튜버가 되길 원한다면 '수익화 기술'을 공부해야 합니다. 특히 MCN 소속이 아니거나 협력 업체의 도움이 없는 경우에는 더욱 중요합니다. 유튜브로 돈을 벌 수 있는 방법은 정말 다양합니다. 유튜브랩에서 조사한 결과 플랫폼 광고 수입(애드센스, 슈퍼챗, 멤버십 등)을 제외하고도 약 20여 개의 수익화 방법이 있습니다. 이렇게 많은 방법 중에서 내게 잘 맞는 수익화 방식을 찾고 실천하는 연습이 필요합니다.

유튜브에는 '어떻게 돈을 버는지, 돈을 벌기 위해 어떤 노력을 해야 하는지'에 대한 콘텐츠가 많습니다. 이런 내용 자체가 채널 홍보 효과도 있고, 유료 온라인 강의로 판매되는 경우도 늘어났기 때문입니다. 덕분에 우리는 좀 더 쉽게 비니지스 노하우를 배울 수 있습니다.

지금까지 오래가는 크리에이터가 되기 위한 자기 계발에 대해 알아봤습니다. 어떤 내용이 나에게 가장 필요한 것 같은가요? 실천하고자 마음먹은 내용을 꼭 체크해두기 바랍니다. 우리 모두 유튜브라는 공간에서 오래오래 만날 수 있도록 말입니다.

유튜브 교과서

초판 1쇄 인쇄 2022년 3월 10일
초판 2쇄 발행 2024년 1월 5일

지 은 이　강민형, 김형진, 박성배
기획편집　양세진, 정보옥
일러스트　전혜진
디 자 인　JK Design
인　　쇄　예림인쇄

펴낸 곳　램프앤라이트
주소　경기도 성남시 분당구 장미로 42, 리더스빌딩 716호
전화　070-8670-4340 / **팩스**　0504-848-4340
등록　2008년 4월 21일, 제2008-000017호
홈페이지　www.lampnlight.co.kr
이메일　lampnlight@naver.com

copyright 강민형, 김형진, 박성배

책값은 표지 뒤쪽에 있습니다.